1등 학원 창업 경영 전략 | 학원/교습소 교육사업 창업에서 확장 전략

발　　행 | 2022년 8월 1일
저　　자 | 한국교육산업연구소 차승욱
펴 낸 이 | 한건희
펴 낸 곳 | 주식회사 부크크
디 자 인 | arti.bee
출판사등록 | 2014년 7월 15일(제2014-16호)
주　　소 | 서울특별시 금천구 가산디지털1로 119 SK트윈타워 A동 305호
전　　화 | 1670-8316
이 메 일 | info@bookk.co.kr

ISBN | 979-11-372-9058-7

www.bookk.co.kr
ⓒ 차승욱 2022

연 봉 1 억 학 원 지 식 창 업 전 략 서

1등

학원 창업 경영 전략

학원/교습소 교육사업 창업에서 확장 전략

한국교육산업연구소

차 승 욱

학원/교습소 교육사업 단계별
창업 전략에서 확장 전략까지

1인
지식 창업자
필독서

"1인 지식 창업 시대의 교육사업 전략서"

CONTENTS

학원이나 교습소를 종합교육서비스업이라고 한다.

학원이나 교습소를 운영하는 것은 단지 학생을 가르치는 것을 의미하는 것이 아니라 가르침에서 시작하여 관리까지 모든 것을 관리해야 한다는 것을 의미한다.

㈜정상제이엘에스에서 근무하면서 정상어학원에서 학원이 얼마나 큰 기업이며 사회에서 중요한 역할을 하고 있다는 것을 많이 알게 되었다.

학원에는 학생과 선생님, 학부모, 관리자, 직원들이 함께 모여 교육 사업을 시작한 지가 벌써 20년이 되어간다.

공사 기업에서 재직하다 그만두고 캐나다 연수를 갔다 와서 교육만이 사람을 변화시킨다는 것을 깨닫게 되었다.

재취업을 준비하면서 다양한 곳에 취업되었지만, 교육의 중요함을 알게 되어 교육기업을 선택했던 것이 교육에 대한 나의 비전을 실천할 수 있게 된 계기가 되었다.

"교육만이 사람을 변화시킨다"

대기업, 상장기업, 외국계 기업, JV 등 다양한 기업에서 근무하면서 언제 어디서나 배움의 자리에 있었다. 교육 만이 사람을 변화시킨다는 철학을 가지고 교육기업에 뛰어들었다.

수많은 학부모와 상담하고 컨설팅하고 강의도 했었다.

단지 학원에 다닌다고 사람은 변화하지 않는다. 학원에 다니면서 좋은 강의를 받고 괜찮은 선생님을 만나야 하고 열심히 공부도 해야 한다.

국내 교육산업은 공교육과 사교육으로 나누어진다. 공교육은 학생들의 기본 교육을 담당하지만, 추가적인 교육은 사교육이 전담하고 있다.

국내에 사교육이 없었다면 우리나라가 이렇게 발전하지 못했을 것이다. 국내 사교육 분야에서 가장 핵심적인 부분을 담당하고 있는 것이 학원 교육 사업이다.

학원 창업에 있어서 사업 계획서나 계획이 없이 그냥 단순히 학원을 개원해서 학원이 잘 안 되는 학원들이 많다는 것이다.

대치동 교육 대기업인 ㈜정상제이엘에스와 교육기업 대표로 재직하면서 수많은 학원 컨설팅과 활성화 전략, 마케팅 전략을 수행하였다.

그 경험을 바탕으로 학원 창업에 있어서 실패하지 않고 승승장구할 수 있는 학원 창업 프로세스를 정립하고 학원 활성화 전략에 대하여 집필하게 되었다.

본 저자도 정상제이엘에스에서 근무할 때에 목동, 평촌, 부천 중동 정상어학원을 오픈하면서 강남 대치동 대형 학원 오픈 설명회에 300 ~ 500명 학부모를 유치하였으며 첫 달 등록에 300명 이상을 등록한 경험을 하였다.

Joint Venture 교육기업을 설립하여 학원을 개원해 오픈 6개월에 150명까지 확장해 약 200명의 학원을 성장시켰던 경험이 있다.

중형 학원은 단지 학원 원장이 운영하는 것이 아니라 모든 교직원이 화합하여 운영해야 한다는 것을 절실히 깨달았다.

학원 내부의 업무 프로세스, 상담 프로세스, 커리큘럼 교육 프로세스, 강의 프로세스 등 모든 부분에 있어서 업무가 정립되고 분담되어 유기적으로 돌아갈 수 있어야 한다.

저자가 수많은 학원을 컨설팅한 경험과 직접 학원을 개원하고 운영하고 상담한 부분을 담은 책이다.

본 창업서는 학원 창업을 처음 시작하는 사람이나 경험이 있는 사람이나 누구에게나 잘 맞춰져 있는 학원 창업 프로세스를 중심으로 집필되어 학원 창업에 모든 정보를 담았다.

또한, 학원 오픈 후에도 어떤 부분을 활성화해야 하고 어떻게 운영해야 하는지 등 학원 활성화 전략도 포함되어 있다.

1인 창업의 시대에 학원 창업을 원하는 모든 분이 본서를 참고하여 학원 창업을 잘해서 학원 사업에 성공하기를 기원한다.

2022년 2월
한국교육산업연구소 사무실에서
꿈 실천가 SUNCHA | 차승욱

한국교육산업연구소 부소장 | 문상은

저자인 차승욱 소장님과 인연을 맺고 이런저런 프로젝트를 함께 한지가 벌써 15년도 넘었고, 연구 모임과 세미나에서도 교육산업의 미래를 함께 고민하며 끈끈하다 못해 끈적끈적한 동료애를 쌓았습니다. 덕분에 독자들보다 먼저 이 책의 원고를 읽어볼 수 있는 영광을 얻었습니다.

원고를 읽으면서 소장님과 함께했던 시간이 머릿속에서 주마등처럼 지나갔습니다.

저자의 이력에 소개된 몇 줄의 글로는 도무지 전할 수 없는 많은 일이 있었습니다. 전국 곳곳을 누비며 강연과 교육 사업 런칭과 컨설팅과 회의로 분주하던 시간이 있었는데, 그 열정의 시간 한가운데에는 항상 차 소장님이 있었습니다.

이 책은 교육 분야에서 저자가 보낸 삶에서 아주 작은 조각을 풀어낸 것에 불과합니다.

특히 저자는 '전략기획'이라는 '문(文)'에 능한 사람이기도 하지만 동시에 현장에서 잔뼈가 굵은 '무(武)'를 겸비한 장수이기도 합니다. 요즘 말로 하면 융합형 인재라고 할 수 있는데, 교육산업 분야에서는 보기 힘든 스타일입니다.

외모는 제가 훨씬 잘 생겼지만 치열한 전장에서는 차 소장님 같은 사람의 말을 듣는 것이 싸움에서 이길 확률을 높여줍니다.

책 속에서 독자들은 사교육을 대표하는 학원/교습소 모델의 시작과 끝을 확인할 수 있을 것입니다.

한 예로, 학원 창업의 여섯 단계 중 3단계에 보면 "교직원, 상담실장, 직원, 강사들을 채용하고 교육하는 단계로서 학원 창업자가 충분한 시간을 가지고 직원과 강사들을 채용하고 교육해서 학원의 철학과 커리큘럼 등을 공유하여야 한다."라고 되어 있습니다.

독자들께서는 쉽게 상상하기 힘들겠지만 저는 이런 문장 하나하나가 저자의 경험에서 나온 것임을 누구보다 잘 알고 있습니다. 그 과정을 직접 목격했기 때문입니다. 그래서 한편으로는 아쉽기도 합니다. 아마도 저자는 책이 너무 두꺼워질 것을 우려해서 혹은 너무 자랑으로 비칠까 싶어서 더 자세하게 풀 수 있는 '썰'을 겸손하게 함축해버리지 않았을까 짐작해봅니다.

걱정하지 마십시오. 저자에게는 아직 풀지 않은 12척의 배가 남아있으니 독자들은 다음 책도 기대하셔도 좋을 것입니다.

저자가 책에서도 언급했듯이, 학원 창업은 다른 어떤 비즈니스보다도 복잡하고 정교한 기술과 치밀한 준비가 필요합니다.

서비스업은 고객의 마음을 읽고 이해하는 것이 핵심인데, 특히나 교육서비스업은 교육의 대상이 되는 학생은 물론이고 교육의 수요자인 학부모의 마음까지 읽을 수 있어야 해서 더 까다롭습니다.

MZ세대가 학부모 세대로 점점 편입하고 있고, 학령인구는 급격히 감소하고 있으며, 코로나로 인해 온라인이나 메타버스 등 에듀테크를 접목하려는 시도는 점점 진화하고 있습니다.

많은 자본을 가진 대기업이 교육서비스업에서도 유리하지 않을까 싶겠지만 지금도 동네 구석구석에 조그만 학원들이 건재한 것을 보면 자본의 힘으로도 극복할 수 없는 영역이 분명 있다는 것을 증명해줍니다.

저는 이 점이 예비창업자들에게는 기회가 된다고 생각합니다.

변하는 시대의 흐름을 재빨리 포착하고 창업자 자신의 강점과 경험을 잘 접목한다면 교육서비스업은 여전히 기회가 많은 업종이 분명합니다.

준비하는 만큼 성공 가능성을 높일 수 있다는 것이 창업의 진리인데, 학원 창업을 준비하는 독자들이 이 책의 지침을 따르는 것은 성공 가능성을 몇 배는 더 높여 주리라 확신합니다.

비발디 연구소 소장 | 이창현 작가

이 책은 차승욱 작가의 20년 경험과 노하우를 바탕으로 체계적이고 구체적으로 쓰여진 책입니다.

차승욱 작가는 자신의 학원 경영 전략을 이 책에 모두 담았습니다. 그는 전략을 만들어 Franchise 신규 사업 모델 기획, YBM 어학원, JC 정철 등 학원 사업을 진행하였습니다.

㈜정상제이엘에스 IPO 상장 프로젝트 추진 총괄의 경험, 정상어학원 중등 분원 총괄 관리 원장 경험 등 말 만인 전략이 아니라 경험에서 나오는 전략과 실행 방법을 모두 담았습니다.

이 책의 체크 리스트를 통해 학원을 시작하는 사람은 준비할 수 있고, 현재 학원을 경영하는 사람이라면 현재를 돌아볼 수 있는 계기를 마련할 수 있습니다.

이 책은 학원의 시작 전 기획부터, 준비, 조직 구축, 마케팅, 런칭, 안정화, 확장까지 상세하게 다루었습니다. 학원을 시작하거나 학원을 운영 중이라면 꼭 읽고 더 발전된 성장을 하십시오.

차승욱 작가를 만나서 가장 놀랐던 점은 그의 전략과 실행력입니다. 그에게 책을 출판하는 방법의 강좌로 만났고, 스스로 출간 전략을 세웠습니다. 그는 〈2020 국내 교육산업분석을 통한 2050 미래 교육산업전략서〉를 출판하였습니다.

그 후, 다시 전략을 세워 이번 책까지 출판하게 되었으며 다음 책까지 전략을 마치고 집필하고 있습니다. 게다가 블로그, SNS를 활용하여 많은 사람에게 긍정적인 영향을 나누며, 자신의 지식을 전달하고 있습니다.

누구나 좋은 전략을 만들 수 있지만, 누구나 좋은 전략을 실행할 수는 없습니다. 이 책을 통해 학원 경영 전략뿐만 아니라 차승욱 작가의 인생 전략과 실행력을 얻어는 좋은 기회를 삼기를 바랍니다. 차승욱 작가와 여러분들의 사업에 건승을 빕니다.

01

학원/교습소 창업 단계별 전략

01 학원/교습소 창업 단계별 전략

국내 교육 사업이 코로나 19로 인한 침체 이전엔 지속적인 성장을 보이면서 고 학력자들의 증가와 함께 창업 분야에서 많은 사람이 학원 창업을 준비했다. 학원은 1인 지식 기업가들에게 가장 좋은 사업 아이템이 되었다.

학원/교습소를 어떻게 분류할 수 있는지 구분해 보자.

가. 학원 사업 창업의 창업자 경력별 분류

학원 사업 창업의 창업자 경력별로 분석해 보면

1) 전문적으로 학원 강사의 경력을 통하여 창업하는 경우
2) 학원 사업 종사자가 학원을 창업하는 경우
3) 교습소나 개인과외를 하다가 확장해 학원을 창업하는 경우
4) 타 업종에 종사하다가 학원을 오픈하는 경우

우선 위의 각각의 형태에 대하여 어떤 장점이 있고 단점이 있는지를 살펴보기로 하자.

1) 학원 강사의 경력을 기반으로 학원 창업을 하는 경우

학원 강사 경력을 토대로 학원을 창업하는 경우가 대부분의 학원 창업이라고 볼 수 있으며, 이런 경우 기존 학원의 학생들을 데려오기가 쉽고 기존 시장에서 좋은 이미지를 형성했다면 학원 창업을 하면서 빠른 성장이 가능하다는 것이 장점이다.

2) 학원에 종사하는 종사자가 학원을 창업하는 경우

학원업에 종사하는 종사자, 즉 직원인 상담실장, 교무실장, 일반 직원 등이 학원을 창업하는 경우이며 이 경우 강사들과 전략적 제휴를 하거나 독립할 경우 강사를 새롭게 채용해 학원 창업이 가능하다.

대형 학원을 오픈하는 경우는 관리 중심이기 때문에 장점이 많으나 중/소형 학원을 오픈할 경우 직접 가르쳐야 하기 때문에 가르쳐 본 경험이 없는 경우 어려움에 봉착할 가능성이 크다.

이 경우는 개인 브랜드나 독립 브랜드로 학원을 창업하는 것보다 학원 프랜차이즈에 가맹하여 학원을 오픈하는 것이 더 바람직하다.

3) 교습소나 개인과외를 하다가 확장해서 학원을 창업하는 경우

최근에는 학원에서 강의하던 강사들이 교습소를 오픈하거나 과외를 하는 경우가 많고 교습소를 오픈한 후 학생들을 가르치다 학생들이 많아져 학원을 오픈하는 경우이다.

교습소를 운영하면서 기존의 학생들을 데리고 확장하여 학원을 창업하는 경우이므로 학원 창업에 큰 부담 없이 시작할 수 있으며 소규모 상권을 대상으로 학원 창업이 가능하다.

4) 타 업종에서 종사하다가 학원을 창업하는 경우

타 업종에서 10 ~ 15년 이상 종사하다가 퇴사하게 되어 퇴직금 또는 소자본으로 교육 사업에 매력을 느끼게 되어 학원을 창업하는 경우이다.

이런 학원 창업이 다른 창업의 형태보다 더 학원 창업에서 실패할 확률이 높으며 단순하게 외부에서 보는 학원의 좋은 점과 현장에서 체감하는 학원 사업은 엄청난 차이가 있기 때문이다.

이 경우에 학원 창업을 원한다면 처음부터 학원 창업을 해서 운영을 하는 것보다 다른 학원의 직원이나 선생님으로 최소 1년에서 2년 근무를 해서 경험을 해보고 학원 창업을 하는 것이 실패를 줄이는 최고의 방법이다.

실제로 창업자 본인이 한 번도 경험하지 않은 사업은 아무리 좋은 시장 상황으로 사업을 한다 할지라도 위험부담이 있기 때문이다.

타 업종에서의 경력을 잘 활용하면서 창업이 가능한 방향으로 창업을 진행해야 하며 가장 좋은 방법은 중/대형 프랜차이즈 브랜드를 선정하여 교육/훈련을 받은 후 창업하는 것이 창업에 성공할 수 있는 최고의 방법이 될 것이다.

학원 사업 창업자가 가지고 있는 경력과 능력을 잘 파악하고 분석하여 창업자 자신에게 가장 잘 맞는 학원의 형태와 규모로 창업해야 성공할 확률을 높일 수 있다.

학원 사업 창업자가 학원 사업을 잘 알지도 못한 채 자본금만을 가지고 학원을 창업할 경우 1년 안에 사업이 실패할 확률이 70% 이상이 된다.

학원 창업뿐만 아니라 다른 사업을 창업한다 하더라도 그 사업에 대하여 충분한 지식과 경험, 정보, 교육을 통하여 창업에 도전해야 사업에 성공할 수 있을 것이다.

나. 학원 사업 창업의 창업 투자 규모별 구분

학원 창업에 있어서 창업의 형태별 구분이 아니라 학원 창업에 얼마의 투자를 하느냐에 따라 투자 규모 별로도 구분할 수가 있다.

창업자가 얼마만큼의 예산과 자금을 가지고 창업을 할 것인지에 대하여 고민하고 사업 계획하는 학원 창업에서 가장 중요한 단계이다.

학원 창업자의 창업 투자자금 규모의 분류는

1) 1억 미만

2) 1억 ~ 2억

3) 2억 ~ 3억

4) 3억 ~ 5억

5) 5억 이상으로 5가지 형태로 분류될 수 있다.

학원 창업자의 창업 자금 규모의 분류로 창업 자금에서 보증금과 인테리어 비용이 가장 크게 투자비용으로 들어가야 한다.

인테리어 비용 평당 200만 원 기준 예시

　40평 기준 시 - 약 8천만 원 투자

　50평 기준 시 - 약 1억 원 투자

100평 기준 시 - 약 2억 원 투자

200평 기준 시 - 약 4억 원 투자

- 보증금 3,000만 원 ~ 5,000만 원 + 월세

보증금의 경우 지역별 상권별 다르게 형성된다.

집기 비품 구매비 40평 기준 책상 15개 기준 시 약 1,000만 원 예산 책정한다.

예산 규모별로 세부 계획을 자세하게 수립해야 한다.

예산 규모별로 학원 창업을 구분해 보자.

1) 창업비용 1억 미만의 경우

소형 교습소 규모 창업 가능

인테리어 평수 30평 미만 보증금 3,000만 원 미만 + 월세 6개월 운영비

2) 창업비용 1억 ~ 2억의 경우

교습소/소형 학원 창업 가능 인테리어 평수 50평

보증금 5,000만 원 + 월세 약 6개월 학원 운영비

3) 창업비용 2억 ~ 3억의 경우

중/소형 학원 창업 가능 중/소형 프랜차이즈 브랜드 가맹비 인테리어 비용 + 보증금 + 월세 약 6개월 학원 운영비

4) 창업비용 3억 ~ 5억의 경우

중형 학원 창업 가능/중형 프랜차이즈 브랜드 가맹비 인테리어 비용 + 보증금 + 월세 약 6개월 학원 운영비

5) 창업비용 5억 이상의 경우

중/대형 학원 창업 가능중/대형 프랜차이즈 브랜드 가맹비 인테리

어 비용 + 보증금 + 월세 약 6개월 학원 운영비

  학원 창업자의 창업 자금의 규모별로 보면 학원의 규모라는 것을 알 수 있다. 즉, 창업 자금의 규모가 학원의 규모라는 것을 의미한다.

  처음부터 대형 브랜드를 가맹해서 대형 학원을 창업하는 것을 제외하고는 대부분 중형 학원/소형 학원을 창업하여 성장해 나가는 것이 바람직한 창업이라고 할 수 있다.

1. 창업 경력자별 분류에 어디에 해당하는가?

2. 창업 투자 규모는 어느 정도인가?

3. 어떤 종류의 학원/교습소를 할 것인가?

4. 어떤 종류의 과목을 가르칠 것인가?

5. 창업자는 어떤 종류의 창업자이며 강점은 무엇인가?

02

학원/교습소 사업 창업 6단계 런칭 전략

02 학원/교습소 사업 창업 6단계 런칭 전략

학원 투자 자금의 규모에 따른 투자가 확정되면 학원을 언제 어떻게 창업을 시작할 것인지를 결정해야 한다. 성공적인 학원 창업을 위한 학원 창업 런칭 단계별 전략을 간략히 알아보기로 하자.

성공적인 학원 창업을 위해서 학원 창업 런칭 단계를 6단계로 구분할 수 있다.

가. 1단계 : 사업 시장 조사 단계

나. 2단계 : 사업 준비 단계

다. 3단계 : 사업 마케팅/조직 구축 단계

라. 4단계 : 사업 런칭 단계

마. 5단계 : 사업 안정화 단계

바. 6단계 : 사업 확장 단계

가. 1단계 : 사업 시장 조사 단계

학원/교습소 사업 런칭 시장 조사 단계는 학원 사업 창업을 하기 전에 가장 기초단계로 1년에서 6개월 전의 시기에 해당하며

· 학원 사업 계획서 작성
· 시장 조사 및 상권 분석
· 투자 가능 자금 확보 및 재무 계획
· 학원 브랜드 조사 및 과목 선정 기획
· 프랜차이즈 본사 조사 및 선정
· 학원 물권 조사 및 선정
· 홈페이지 및 SNS 기획

학원 창업자가 얼마만큼의 투자금을 가지고 학원을 창업할 것인지를 고민하고 결정하는 가장 중요한 단계이다.

학원 창업자가 자신의 총 투자자금이 어느 정도인지, 어떤 규모의 학원이나 교습소를 창업할 것인지를 결정하고 사업 계획을 작성해야 한다.

학원 창업에서 예산이 중요한 것은 그 예산에 맞추어서 어떤 브랜드를 할 것인지를 조사하고 선택 가능해지고 학원의 규모와 보증금, 월세 등에 대하여 고려해야 한다.

예산과 사업 계획에 근거하지 않은 학원 창업은 모래성 위에 쌓은

성과 마찬가지이므로 실패할 확률이 높다고 할 수 있다.

1단계에서는 총 투자자금의 규모와 어떤 형태의 학원/교습소를 할 것인지를 정하고 사업 계획을 작성해 봄으로써 창업자가 학원 사업을 통하여 얼마만큼의 매출과 비용, 수익이 될 수 있는지를 계획하는 단계이다.

나. 2단계 : 사업 준비 단계

학원 사업 준비 단계는 학원 개원 시기보다 3 ~ 5개월 기간에 준비하는 단계이며 학원 개원을 위해 최종 의사결정을 하고 실행하는 단계이다.

- 과목/브랜드 선정, 시간표 기획
- 프랜차이즈 가맹
- 커리큘럼 확정
- 2차 지역 상권 조사
- 지역 경쟁 학원 시장 조사
- 인테리어 공사
- 집기 및 비품 구입
- 차량 운행 계획 및 계약
- 시간표 기획 및 확정

학원 창업자는 교습소/학원 어느 방향으로 학원을 오픈할 것인지를 의사결정한다.

프랜차이즈로 가맹하는 경우 브랜드를 선정하여 가맹 계약을 완료해야 하며 학원을 오픈할 지역을 선정하여 오픈 지역을 대상으로 상권 분석을 통해 지역 내 물권을 확보하고 건물 계약을 완료한다.

건물이 확정되면 내/외부 인테리어를 어떻게 할 것인지를 프랜차이즈 본사와 협의하고 또는 개인이 할 경우 업체를 선정하여 인테리어 매뉴얼과 동일하게 인테리어 공사를 진행한다.

학원 내의 비품과 집기 등 고정자산을 준비해야 하며, 셔틀버스를 몇 대를 운영할 것인지, 어디까지 운행할 것인 지에 대한 셔틀버스 운행 계획을 수립한다.

프랜차이즈 계약 및 브랜드가 선정됨에 따라 지역 경쟁 학원들의 학원 시간표를 입수하여 분석하고 자신의 학원의 초등, 중등, 고등의 대상을 확정하고 시간표를 1차 계획한다.

다. 3단계 : 사업 마케팅 및 조직 구축 단계

학원 사업 마케팅 및 조직 구축 단계는 개원 2 ~ 3개월 전에 시행되는 단계로 마케팅 예산을 기획하고 세부 시행 계획을 하고 어떤 홍보 전략으로 진행할 것인지를 결정하는 단계이다.

· 광고, 홍보 계획 및 실행
· 교직원 선발 및 교육
· 신규 입학 설명회 기획
· 신규 입학 이벤트 기획

또한, 교직원, 상담실장, 직원, 강사들을 채용하고 교육하는 단계로서 학원 창업자가 충분한 시간을 가지고 직원과 강사들을 채용하고 교육해서 학원의 철학과 커리큘럼 등을 공유하여야 한다.

학원 창업에 따른 지역 설명회를 시작하거나 마케팅 활동을 시작하는 시기이고 지역의 학부모들과 최초 대면해야 하므로 잘 준비하고 계획해야 한다.

이 단계에서는 1차 사업 계획에 따라 예산에 맞게 집행되었는지, 매출 계획은 현실에 맞게 예측했는지에 대한 최종 검토를 진행한다.

라. 4단계 : 사업 런칭 단계

학원 사업 런칭 단계는 학원을 오픈하는 단계로 개원 전 1 ~ 3개월 기간에 해당하며 학원 오픈 최종 계획을 마무리하고 소방서의 소방 완비, 교육청 인/허가 완료를 통해 최종 오픈을 마무리한다.

- · 학원 오픈 및 개원 점검 사항
- · 수업 및 관리 내실화
- · 신규 학부모 입학 설명회 및 학생 모집 이벤트 진행
- · 업무 분장 정립 및 주간 회의
- · 보강 매뉴얼 기획
- · 여름방학 및 겨울방학 계획

이 시기에는 홍보 전략을 통해 가능한 한 많은 학부모에게 마케팅 활동을 하고 학부모들을 위한 교육 설명회와 학생들을 위한 신규 입학 이벤트 등을 실시해 가망 고객들에게 학원의 브랜드와 학원장의 철학, 책임 있는 교육을 진행한다.

학부모와 학생과 최초로 만나는 설명회와 이벤트는 엄청나게 중요하며 이 시기에 잘못된 계획으로 인해 입학 설명회나 이벤트를 진행하지 못하거나 많은 학부모에게 학원 브랜드를 알리지 못하는 경우 매출 확대가 늦어져 BEP(Break Even Point) 기간이 늘어질 뿐만 아니라 학원 사업에 막대한 지장을 초래할 수 있음을 잊지 말아야 할 것이다.

학원 사업의 성패는 결국 학원장의 역량에 달려 있다고 해도 과언이

아니다.

학원을 오픈하고 성공하기 위해 가장 중요한 것은 창업자의 능력이
다.

국내 보통 학원 시장에서 5억 이상 투자하는 대형 학원을 오픈하는
경우보다 2억 미만의 중소형 학원을 오픈하는 경우가 대부분으로 학
원장의 능력에 따라 학원 경영의 성공과 실패가 결정된다고 전문가들
은 말하고 있다.

학원을 오픈할 경우 창업자는 반드시 매출 계획, 비용 소요 계획, 순
이익 계획, 인력 계획 등의 사업 계획을 기획하고 사업기획에 따라 진
행하는 것이 가장 좋은 방법임을 알아야 한다.

어떤 사업을 창업한다 하더라도 창업자의 성향과 능력, 경력에 맞추
어서 창업해야 창업에 성공할 확률이 높다.

따라서 창업자 본인이 어떤 성향을 가졌는지, 어떤 회사의 경력을
가졌는지, 강의 능력은 있는지, 어떤 과목을 가르칠 수 있는지를 다시
한번 파악하고 업종과 규모를 선택해야 창업에 성공할 수 있다는 것이
다.

다만 일을 좋아하는 사람은 일을 즐기는 사람을 이길 수 없다는 말
이 있듯이 창업 후 창업자가 어떤 마인드와 태도로 사업을 하느냐에

창업의 성공도 달라질 수 있다는 것을 반드시 인지해야 한다.

　많은 창업자가 사업을 통하여 새로운 인생의 기회를 만들고 또 다른 세계로 나가기 위하여 추진하는 만큼 모든 것을 걸고 최선을 다하고자 하는 마음으로 건승하기를 기원한다.

마. 5단계 : 사업 안정화 단계

학원 사업 안정화 단계는 학원 오픈 후 4 ~ 6개월 기간을 의미한다. 학원 오픈 전에 시작된 홍보/마케팅 활동을 지속적으로 연계하여 진행해야 한다. 신규 학생 이벤트와 학부모 설명회 진행을 통해 지속적인 학생 모집으로 확대해 나가는 단계이다.

· 수업의 내실화를 지켜라
· Before Service를 실시하자
· 내부 조직을 활성화하자
· Tipping Point를 발견하고 발전시켜라
· 깨진 유리창의 법칙을 조심하라

이 시기에는 최대한 많은 신규 학생모집을 통하여 6개월 이내에 BEP(Break Even Point)를 넘는다는 목표로 매출 확대 전략을 시행해야 한다.

오픈 시 학원의 학생 수가 몇 명에 따라 BEP까지 기간이 3개월이 될 수도 있고 6개월이 될 수도 있고 1년이 될 수도 있다.

신규 학생 모집 이벤트는 매주 토요일 오픈 후 1 ~ 2개월은 시행하며 최소 3개월부터 6개월까지는 신규 학생모집을 전략적으로 시행해야 한다.

또한, 학원 사업 안정화 단계에서 가장 중요한 것은 학원의 내실화에 있다는 것이다.

신규 학생모집을 통해 모집된 학생과 학부모 관리가 시작되고 그 첫 번째 수업을 통해 학원의 첫인상이 학부모들에게 각인되기 때문에 잘 못된 첫인상으로 인해 갑자기 망할 수도 있다는 것을 잊어서는 안 된 다.

학원 오픈 후 매주 주간 회의를 통해 선생님들이 알고 있는 커리큘 럼과 시간표 운영 방법, 수업 방법, 수업을 어떻게 하면 잘하는지, 학 부모 관리는 어떻게 하면 잘하는지 등에 대하여 철저하게 논의하고 활 성화해야 한다.

바. 6단계 : 사업 확장 단계

학원 사업 확장 단계는 학원 오픈 후 12 ~ 24개월 기간을 의미한다.

학원 창업 후 학원이 안정화되면서 학생들이 100명을 넘어 150명까지 확대되면 2차 학원 오픈 전략 및 학원 운영의 시스템화 및 표준화에 집중해야 한다.

학원 창업자인 원장 중심의 학원 운영에서 학급별 팀장 제도, 학년별 팀장 제도 등을 통해 중간 간부를 육성해야 하며 부원장을 두고 관리함으로 더 큰 학원으로 확장해 나갈 수 있다.

· 관리 시스템화 및 표준화 전략
· 중/대형 학원으로 성장 전략
· 신규 추가 분원 확장 전략 기획

1. 학원/교습소 사업 시장 조사 단계를 진행하였는가?

2. 학원/교습소 사업 준비 단계를 진행하였는가?

3. 학원/교습소 사업 마케팅 및 조직 구축을 하였는가?

4. 학원/교습소 사업 런칭을 하였는가?

5. 학원/교습소 사업 확장 단계를 하였는가?

03

Chapter 3.

학원/교습소 사업 시장 조사 단계

03 학원/교습소 사업 시장 조사 단계

학원/교습소 사업 시장 조사 단계에서는 학원 오픈의 사업 계획서를 작성하고 학원이 오픈할 상권에 대하여 시장 조사 및 상권 조사를 실시한다.

학원 오픈에 따른 투자자금 확보 계획과 어떤 브랜드를 선정하여 학원을 개업할 것인지, 프랜차이즈 본사에 대한 조사와 학원 물권 조사, 홈페이지를 기획하는 단계이다.

가. 학원 사업 계획서 작성

나. 시장 조사 및 상권 분석

다. 투자 가능 자금 확보 및 재무 계획

라. 학원 브랜드 조사 및 과목 선정 기획

마. 프랜차이즈 본사 조사 및 선정

바. 학원 물권 조사 및 선정

사. 홈페이지 및 SNS 기획

가. 학원 사업 계획서 작성

누구나 학원에 성공하고 싶어 한다. 하지만 그 누구에게나 쉬운 학원 운영이 아니다.

대학을 다니는 동안 과외를 해보지 않은 학생들이 없고 학원에서 수업도 해본 학생들이 많은 시대이다.

개인과외, 학원, 교습소의 과목별로 수많은 학원이 존재하고 있으며 학생들은 저마다 자신의 학습 스타일에 맞는 학원과 과외를 선택하면서 교육을 받고 있다.

학원이나 교습소, 개인과외를 하면서 자신이 연간 사업 계획서를 작성하거나 연간 사업에 대하여 정리하는 학원 원장들은 많지 않다.

학원이나 교습소를 해보지 않은 창업자가 무턱대고 학원이나 교습소를 시작한다면 엄청난 난관에 부딪히게 될 위험이 크다.

교습소는 원장 한 명으로 운영해야 하고 최초 설립 시에도 대부분 원장이 강의도 하고 차량 운행도 하는 구조로 되어 있는 경우가 많다.

하지만 학원의 경우는 어떤 과목으로 시작을 할 것인지, 어떤 브랜드로 할 것인지, 어느 지역에서 할 것인지, 어느 규모로 시작을 할 것인지에 따라 다르고 많은 변수에 따라 운영하는 방법도 달라질 수 있다는 것이다.

1) 어떤 규모의 학원을 할 것인가?

어떤 규모의 학원을 할 것인지를 먼저 선정을 해야 한다. 이때 가장 중요한 것은 자기자본의 규모와 전체 투자 금액과 자신의 능력이다.

자기자본 + 은행의 가능한 대출 금액 = 총 투자 금액이 된다.

자기자본이 약 1억 원이며

+ 은행 대출 가능한 금액 약 5천만 원이면

= 총 투자 가능한 금액이 1억 5천만 원이 되는 것이다.

두 번째는 자신의 능력이다.

자신의 능력이 관리 + 강의 둘 다 가능하다 해도 학원의 규모가 약 100명을 넘어가면 관리를 중심으로 운영해야 한다. 100명 이하일 경우에는 강의 중심과 관리로 운영되어야 한다.

2) 어떤 학원을 할 것인가?

어떤 학원을 할 것인지를 선정해야 한다. 학원의 종류는 규모에 따라 학원/교습소로 나눌 수 있으며, 과목별로도 나눌 수가 있다. 자신이 어떤 규모와 어떤 과목의 학원을 할 것인지를 선택하자. 아래를 참조하자.

· 개인과외(1인 창업)
· 교습소(1인 창업)

· 학원(단과학원/종합학원) – 초등학원/중등학원/고등학원

· 과목별 학원 – 국어/영어/수학/과학/사회

· 기타 학원 – 미술/음악/컴퓨터

3) 어느 지역에 학원을 오픈할 것인가?

어느 지역에 학원을 오픈하는 것은 사업 계획 중에서 가장 중요하다고 할 만큼 엄청나게 중요한 부분이다. 흔히 다른 말로 표현하면 상권 분석을 통한 교육 상권이 어느 정도 있는 지역에 학원을 오픈해야 한다는 것이다.

학원을 오픈하기 전에 교육 상권을 분석하고 학원을 오픈해야 한다. 학원 오픈 시 고려되어야 하는 교육 상권은

· 초등학교/중학교/고등학교 근처에 몇 개가 있는가?

· 초등학교/중학교/고등학교 학생 수는 몇 명인가?

· 초등학교/중학교/고등학교 수준은 어떻게 되는가?

· 학원 오픈 지역 근처에 아파트는 몇 가구 있는가?

· 근처 아파트의 가격은 어떻게 되는가?

4) 어떤 시기에 학원을 오픈할 것인가?

규모와 학원의 유형이 선택되면 어떤 시기에 학원을 오픈할 것인지를 선정해야 한다. 대부분의 학원들은 학교와 유사하게 학사일정을 계

획해서 운영하고 있다.

　3월 학기/ 6월 학기/9월 학기/12월 학기로 나누어서 진행하고 있다. 3월 학기의 경우 학교의 3월 학교 개강 시기이며, 6월 학기는 중간고사 시기와 맞추어져 있으며, 9월은 2학기 개강 시기이고 12월은 기말고사 일정에 맞추어져 있다.

　3월/6월/9월/12월에 반드시 맞추어서 학원을 개강하는 법칙은 없으나 이 시기에 맞추어서 개강하면 학원 운영을 더 효과적으로 할 수 있다는 것이다.

5) 마케팅 전략을 어떻게 할 것인가?

　학원 오픈 시에 마케팅 전략은 어떻게 할 것인가를 고려해야 한다. 학원 오픈 때 마케팅은 규모에 따라서 전략을 계획하고 투자금에 따라서 계획을 진행하면 된다.

학원 오픈 시 사용되는 마케팅 전략은

설명회 :

신규 입학 설명회 + 오픈 설명회 + 학부모 설명회, 입시전략 설명회 등

마케팅 전략 :

직투 광고, 신문 광고, 버스 광고, TV 광고, 라디오 광고, 전단지 광고, 리플릿 광고, 친구 초대 이벤트, 할로윈 이벤트, 어린이날 이벤트 등이다.

학원을 성장시키기 위해서는 매달, 매 분기, 매년 사업 계획을 통하여 목표를 점검하고 실행에 대하여 다시 리뷰하고 돌아본 다음 다시 목표를 재설정해야 한다는 것이다.

학원 사업 계획서는 일반적인 기업체의 사업 계획서와 유사하지만 조금 특별한 것은 일반적인 기업체는 제품에 대한 계획이지만 학원 사업은 학원 내 학생들을 대상으로 프로그램 운영 계획이므로 일반 기업체와 다르게 학원 운영 프로그램에 대한 전략도 포함되어야 한다는 것이다.

학원 사업 계획서는 월간/프로그램 운영 계획, 투자 계획, 재무 계획, 마케팅 계획, 인사 계획을 포함해야 한다.

학원 사업 계획은 프로그램과 학생과 선생님 수 또는 교실 수 그리고 시간표에 의해서 매출이 운영되고 있으므로 학원 내의 시간표에 대하여서도 사전에 계획되어야 한다.

- **연간/월별 매출/비용/손익 계획**
- **연간/월별 투자 계획**
- **연간/월별 재무 계획**
- **연간/월별 마케팅 계획**
- **연간/월별 인사/인건비 계획**
- **연간/월별 프로그램 운영 계획**
- **연간/월별 학생 수 계획**

· 연간/월별 교실 수 계획

표1. 아래는 학원 사업 계획서 예시이다.

구분	1월	2월	3월
1. 투자 계획 선정 - 자기자본 - 대출자본			
2. 학원/교습소 선정 - 브랜드 선정			
3. 오픈 지역 선정			
4. 오픈 시기 선정			
5. 마케팅 전략 계획 - 신문 광고, 버스 광고, 　TV광고 - 전단지 광고,리플릿 광고 - 친구 초대, 초대 이벤트			
6. 학원 강사 운영 전략			
7. 수강료/시간표 운영 전략 - 초등/중등/고등			
8. 학생 수 계획(매출 계획) - 초등/중등/고등			
9. 비용 계획			
10. 수익 계획			

나. 시장 조사 및 상권 분석

학원/교습소 시장 조사 및 상권 분석은 전체 시장 대상으로 시장 조사를 진행하고 또한 오픈 지역 대상으로 상권을 분석하는 것을 의미한다. 학원/교습소는 대부분 상권에 영향을 많이 받는 사업이다.

외식사업을 하기 전에도 반드시 상권 분석을 통해 사전에 상권이 어떤 상권인지, 도소매 상권인지, 상권을 철저히 사전에 분석한다. 상권분석에 있어서 일반적으로 학원은 교육 상권이라고 명칭 한다.

교육 상권에 대하여 인지하기 전에 먼저 일반적으로 우리가 말하는 상권 분석이 무엇인지를 파악하고 난 후 교육 상권에 대하여 알아보도록 하자.

일반적인 상권/입지 분석에 대하여 먼저 알아보자.

1) 창업 아이템 및 브랜드 선정

2) 창업 입지 유형 및 지역 설정

3) 점포 입지 상권 분류

4) 점포 입지 조건 확인

5) 점포 입지 주변 환경 분석

6) 점포의 형태를 확인하고 권리금 확인

7) 점포 법률 인/허가 조건 확인

8) 점포 상권 유동인구 분석

9) 점포 수익률 분석

10) 점포 계약 시 주의 사항

1) 창업 아이템 및 브랜드 선정

창업 아이템은 자신이 잘하는 것을 중심으로 자신이 기존에 경력이 있다면 경력을 활용해서 할 수 있는 것부터 찾아보는 것이 가장 좋은 창업 아이템 선정이다.

대부분 40 ~ 50대 창업자들은 자신이 좋아하는 것 또는 자신의 경력을 활용하는 것 외에는 일반적으로 음식점 프랜차이즈, 커피 프랜차이즈, 카페 프랜차이즈, 치킨 프랜차이즈, 피자 프랜차이즈, 테이크아웃 프랜차이즈 등 프랜차이즈 중심의 창업을 하는 것이다.

이렇게 창업한 아이템은 자칫 잘못하면 사업에 투자한 퇴직금 전체를 손해 보거나 그 이상의 손해를 볼 가능성이 크다는 것은 인지하지도 못할 빠른 시기에 모든 투자금을 손해 볼 수도 있다는 것을 알아야 한다.

창업 아이템은 사전에 시장 조사와 프랜차이즈 본사 방문, 직영점 방문 등 철저한 조사를 통해서 확정해야 한다.

2) 창업 입지 유형 및 지역 설정

지역 설정은 창업자가 잘 아는 지역이 가장 최우선 지역이며, 시장 분석을 통해 상권이 가장 좋은 곳과 창업자가 사업을 하고자 하는 곳 등을 선택하여 1순위 지역, 2순위 지역, 3순위 지역으로 나누어 조사한 후에 선택한다.

입지 유형은 (1) 적응형 입지, (2) 목적형 입지로 구분할 수 있다.

(1) 적응형 입지는 유동인구에 의존하여 영업 가능한 입지를 의미하고 번화가, 주택가, 학교 주변, 오피스 등을 의미한다.

(2) 목적형 입지는 인위적으로 계획적으로 입지 창출을 요구하는 입지를 의미하고 주차장, 건물, 인테리어, 브랜드 등에 따라 고객 유치가 가능한 상권을 의미한다.

완전한 100%의 적응성 입지나 목적형 입지는 없으며 적응성 입지라 하더라도 입지 창출 요소 도입이 매우 중요한 전략이 될 수 있다.

A급 상권
- 아파트 밀집 상권, 주택가 상권, 역세권 상권을 의미한다.

B급 상권
- 오피스 기업체 상권, 역세권 주변 상권을 의미한다.

C급 상권
- 번화가 유흥 상권으로 분류할 수 있다.

3) 점포 입지 상권 분류

상권은 외식업, 유통업, 교육서비스업 등에 따라 상권이 가지고 있는 특성을 중심으로 포괄적 분류가 가능하다.

포괄적 분류와 축소적 분류가 가능하다.

점포 입지 가능한 상권을 분석하고 출점 가능한 상가가 어떤 종류의 상가인지 확인하고 분석해야 한다.

(1) 일반적인 상권, (2) 아파트 단지 내 상권, (3) 지하 상권, 라) 길거리 상권으로 나눌 수 있다.

(1) 일반적인 상권

- 기존의 상권 내의 입점하여 있는 상가를 분석한다.
- 기존 입점되어 있는 상가 유형별 영업 성과를 분석한다.
- 상가 유형별로 점포 조건을 확인하라.
- 일반적인 상가는 상가 내 위치가 중요하다.
- 기존 입점 점포가 활성화되어 있는지가 중요하다.

(2) 아파트 단지 내 상가

- 아파트 단지가 어느 정도 형성되어 있는지 확인하라.
- 아파트 단지 입구의 배치와 아파트 입구의 상가 위치를 확인하라.
- 단지 내 상가가 기존에 어떤 상가가 있는지 확인하라.

· 아파트 단지 내 상가는 대부분 아파트 내의 아파트 주민을 대상으로 영업을 한다는 것을 알아야 한다.

(3) 지하상가

- 지하상가의 경우 동행객의 수가 영업력을 좌우한다.
- 지하 상권과 입점 점포의 영업력과 비례한다.
- 지하 상권이 역세권, 지하철, 백화점과 연결 상권이 좋다.
- 지하 상권은 동행객의 동선이 중요한 영업력이 된다.

(4) 길거리 상권(Road Shop)

- 길거리 상권은 유동인구가 얼마나 많은지에 좌우된다.
- 길거리 상권은 유동인구의 특성에 따라 달라진다.
- 길거리 상권은 기존 점포의 특성에 따라 달라진다.
- 길거리 상권은 전용률 높고 권리금/보증금/월세가 높다.
- 길거리 상권은 상권의 특성을 잘 알아야 한다.
- 길거리 상권은 도로의 특성과 차량 이동에 따라 달라진다.

4) 점포의 입지 조건 확인

점포가 자리 잡는 상권의 잠재력을 조사하고 향후 미래에 상권이 개발되거나 발전될 가능성이 있는지 분석하고 조사해서 점포의 입지 조건을 확인해야 한다.

가) 시장의 잠재력 조사 및 확인,

나) 시장의 접근 가능성,

다) 점포 입지의 고객 중간 확보 가능성,

라) 고객 유인 흡인력,

마) 입지 상권의 점포 경쟁 분석 등을 진행하고 확인해야 한다.

가) 시장의 잠재력 조사 및 확인 :

현재 관할 상권 내에 취급하는 상품, 점포. 또는 유통 단지의 수익성 확보 가능성에 대하여 조사한다.

나) 시장의 접근 가능성 :

- 관할 상권에 있는 고객을 지점으로 끌어들일 수 있는 가능성에 대하여 확인한다.
- 고객 보행 분석 : 왼쪽 진입의 원칙
- 대다수 국민은 우측통행으로 오른손잡이다. 상대적으로 왼쪽에 시선 집중력이 높다.
- 차량 운행 분석 : 신호 여부 및 횡단보도의 인접에 따라 유인 확률이 높다.
- 도로변의 내리막길보다 오르막 구간이 입점 확률이 높다.
- 차량의 진입 용이, 주차 공간 확보 등을 고려해야 한다.

다) 점포 입지의 고객 중간 확보 가능성 분석 :

- 기존 점포 또는 타 점포와 고객과의 중간에 위치하여 기존 점포로 접근하는 고객을 중간에 차단할 수 있는 정도를 나타낸다.

- 가시성 : 고객들의 주/동선상 고객의 시선을 두는 간판의 위치와 간판을 선점할 수 있는지에 대한 여부이다.

라) 고객 유인 흡인력 분석 :

고객 유인 흡인력 분석은 점포가 많이 몰려 있어 고객을 끌어들 일 수 있는 가능성을 의미한다.

자신의 점포와 관련/비관련 업체들이 많이 오픈되어 있어서 기존에 외식상권이 형성되어 있거나 카페 상권이 형성되어 있거나 오피스 상권이 형성되어 점포를 오픈한 후 신규 고객을 얼마나 많이 창출할 수 있는지를 분석하고 계획해야 한다.

점포 주위에 문화시설, 도서관, 대학교 등 고객 창출할 수 있는 관련 시설이 있는지 확인하고 관련 시설의 이용고객을 유인할 수 있는지도 확인한다.

마) 입지 상권의 점포 경쟁 분석 :

업체가 입지 해야 할 상권에 상호 보완관계가 있는 점포가 있는지, 어떤 종류의 점포들이 기존에 입점해 있는지를 분석한다.

입점하기 전에 점포들이 잘 형성되어 있는지, 안 되는 업종은 무엇인지를 철저하게 분석하고 오픈 후 신규 고객이 유입될 가능성이 있는지를 분석하고 확인한다.
입점할 상권에서 관련 업종의 점포들이 몇 개나 있는지, 경쟁점의 입지, 규모, 형태 등을 분석하고 전략을 계획해야 한다. 추후 신규 경쟁점 입점 시 자신의 점포에 어떤 영향을 미칠지도 분석해야 한다.

예를 들면 이마트가 입점할 경우 인근의 슈퍼에 미치는 영향도는 반드시 분석해야 하고, 영어학원들이 몇 개나 입점해 있는지

5) 점포 입지 주변 환경 분석

점포 입지 상권의 주변 환경에 대하여

가) 점포 입지 주변 이미지,

나) 점포 입지 주변 교통상황,

다) 점포 입지 주변 시설 상황,

라) 점포 입지 주변 자연적인 상황,

마) 점포 입지 주변 문화와 역사를 확인,

바) 점포 입지 주변의 인구 통계 확인,

사) 점포 입지 주변의 법적 규제 등을 확인하고 분석해야 한다.

가) 점포 입지 주변 이미지를 확인하고 분석한다.

- 지역/주구 이미지를 분석하고 혐오 시설이 있는지 분석한다.

나) 점포 입지 주변 교통상황을 확인한다.

- 도로(도로망, 인터체인지, 주요 거점에서의 소요시간) 신 교통 시

스템(철도, 지하철, 버스)

다) 점포 입지 주변 시설 상황 확인한다.

- 주변 건물 상황, 임대료 동향 등을 확인한다.

라) 점포 입지 주변 자연 상황 확인한다.

- 지형, 지질, 경관, 기상조건, 공해 상회, 대기, 수질 상황을 분석한다.

마) 점포 입지 주변 문화와 역사를 확인한다.

- 교육시설, 문화시설 복지시설, 유적지를 확인한다.

바) 점포 입지 주변의 인구, 통계를 확인한다.

- 인구 분포(유/출입), 인구 특성(직업/연령 구성), 주야 인구(통근, 통학), 주택 상황을 확인한다.

사) 점포 입지 주변의 법적 규제를 확인한다.

- 용도 제한, 도로 계획, 도시 계획, 각종 건축 제한 및 행정 방침을 확인해서 법적 규제를 반드시 확인한다.

6) 점포의 형태를 확인하고 권리금 확인

점포를 설립할 경우에는 아래의 경우를 고려하자.

가) 기존 점포를 인수할 경우

나) 신설점포를 만드는 경우,

다) Shop in Shop 점포의 형태를 만드는 경우 등의 고려할 점을 파악해 보자.

가) 기존 점포를 인수할 경우 고려할 점

기존 점포를 인수하거나 기존 점포를 그대로 활용할 경우의 장점은 경영 실적으로 인한 안전성과 확실성, 기존 고객 인프라 형성 및 흡수 가능하다는 것이다.

제반 시설 활용 내부 집기 및 전화번호 등 가능하다.

나) 신설점포를 만들 때 고려할 점

신설점포의 장점은 일반적 신규 분양 점포의 무권리금이고 신축으로 인한 외/내부 주차장, 엘리베이터 등이 편리하다고 할 수 있다.

다) Shop in Shop 점포의 형태를 고려할 점

Shop in Shop 점포의 형태는 기존 점포를 일부 분할하여 소규모 점포를 내는 일종의 전 전대 계약의 형태의 점포를 의미한다.

Shop in Shop의 장점은 임대료를 절감할 수 있으며, 권리금, 보증금, 인테리어 등 기타 비용을 절감할 수 있다.

Shop in Shop 점포의 특징은 기존 점포와 서브 점포의 잘 어울리는 업종이 된다는 것이다. 예를 들면 찜질방에 피부관리실, 미용실, 네일 아트숍 등이 될 것이다.

7) 권리금의 분류

권리금은 기존 점포를 인수하는 경우에 발생하며, 점포가 잘되어 그 가치에 대하여 지불하는 것을 의미한다.

권리금은 영업시설/비품 등 유형물이나 거래처, 신용, 영업상의 노하우 또는 점포 위치에 따른 영업상의 이점 등 무형의 재산적 가치의 양도 또는 일정 기간 동안 이용 대가를 의미한다.

권리금에 대한 어떠한 규정이나 규칙을 정한 법률은 없다. 그러므로 권리금을 얼마를 해야 한다는 일반적인 원칙은 없고 점포를 인수하는 사람과 점포를 양도하는 사람 간의 협의에 따라서 달라진다는 것이다.

권리금에 대하여서는 사전에 영업에 대한 매출자료나 손익자료를 받아서 철저하게 조사하고 판단하여 확인하고 협의해야 할 것이다.

권리금의 종류는

가) 점포 지역 권리금,
나) 점포의 시설 권리금,
다) 영업 권리금

라) 기타 권리금 등이 있다.

가) 점포 지역 권리금

점포 지역 권리금은 바닥권리라고도 부른다.

상권 내 특정 환경으로 인해 발생한 권리금으로 상권의 특성과 크기에 따라 5백만 원에서 1억 원 이상까지 형성된 금액이 각각 다르다.

특정 환경으로 인해서 발생한 권리금으로 동일 층별, 동일 면적별, 동일 상권별, 권리금 시세를 비교 분석하여 권리금이 형성되는 것이 일반적이다.

A급 상권은 1억 원 내외이며 B급 상권은 5천만 원 내외이다.
C급 상권은 3천만 원 내외, D급 상권은 5백만 원 내외이다.

나) 점포의 시설 권리금

점포 시설 권리금은 창업하고자 하는 아이템의 기존 점포를 인수할 때 고려해야 하는 것이다.

업종별로 오픈할 때 소요되는 평균 시설비를 연수로 감가상각하여 책정하며 감가상각 기준연도는 3년에서 4년으로 하는 것이 일반적이다.

감가상각은 1년에 20%에서 30% 하며, 대부분 3년에서 4년이 지나면 감가상각이 소멸하는 것이다.

해당 점포의 최초 영업 개시일을 확인해서 권리금을 확인한다.

그러나 영업이 잘되지 않거나 내부적으로 문제가 생겨서 점포가 철수할 경우 시설 권리금은 의미가 없을 경우도 있으므로 인수하기 전에 기존 고객을 대상으로 시장분석을 잘해야 한다.

일반 음식점의 경우 인테리어 시설을 많이 투자하기 때문에 5천만원 또는 그 이상도 될 경우도 있으며, 패스트푸드점은 브랜드 로열티와 가맹비, 상권 등으로 2억에서 많게는 3억까지도 되는 경우가 있다.

커피 및 카페의 경우는 브랜드냐 비 브랜드에 따라서 달라지며 시설 인테리어에 대한 투자와 창업 연도에 비례하여 계산하고 약 1억에서 많게는 3억까지도 부르는 경우가 있다.

다) 영업 권리금

영업 권리금은 영업 수식이 높은 점포의 경우, 적게는 6개월에서 많게는 2년까지의 기간에 대하여 발생할 수 있는 순수익의 합계 금액을 포기한 영업 기간에 대하여 보상으로 주고받는 것을 의미한다.
영업권리금의 경우는 영업이 잘 돼야 받을 수 있는 권리금으로 영업이 잘되지 않는다면 영업권리금을 받을 수 없음을 알아야 한다.

점포의 매출 및 부가세 신고, 각종 비용/수익을 반드시 확인하고 최소 3개월 정도 점포의 매출 및 고객을 확인하고 점포 장부와 맞는지 분석한다.

라) 기타 권리금

기타 권리금은 허가권 등에 대한 권리를 의미하며, 전매권(담배권), 유흥업 1종 허가 등기 등이 있다. 대부분은 허가와 관련한 권리와 총판 등 독점권을 포함하는 것을 의미한다.

서점의 경우 서점 총판을 함께하는 경우 서점 총판권을 포함해서 양도하는 경우에 해당된다.

8) 점포 법률 인/허가 조건

점포 법률 인/허가 조건은 업종마다 입점할 수 없는 상권, 불가능한 점포가 다르며 점포를 결정하기 전에 업종별로 각종 제한 사항에 대하여 법률적으로 사전에 검토를 완료해야 한다.

보증금, 권리금, 시설 인테리어 등 모든 것들이 다 되고 난 후 인/허가에서 문제가 발생하여 가게를 못하는 경우가 발생할 수 있으므로 사전에 충분히 법률적 검토와 규제사항을 체크하여 문제가 발생하지 않도록 해야 한다.

학원의 경우에도 근처에 유해업소가 있는 경우,
시설 인테리어가 교육청 기준에 잘 부합한 지 사전에 충분히 검토하고 기준을 잘 모르는 경우에는 교육청에 사전에 질의를 하여 확실하게 알아보아야 하며, 소방서에 문의하여 소방시설을 체크한다.

가) 일반 음식점

- 영업신고, 위생교육 필증, 소방시설 증명, 건물 용도 확인

나) 학원

- 교육청 신고, 시설 허가, 소방시설 증명

다) 헬스장

- 개설 허가, 체육시설 등록, 자격증 사본

라) 휴게음식점

- 영업신고, 위생교육 필증, 소방시설증명

마) 약국

- 개설 허가, 약사 면허증, 의료 기관 시설 증명

9) 점포 상권 유동인구 분석

  점포의 상권 분석 중 유동인구 분석은 입점해야 하는 상권에 대한 실질적인 유동인구 분석을 통하여 유동인구가 얼마나 향후 입점 점포에 유입될 수 있는지를 사전에 분석을 통하여 고객 및 매출 계획을 계획할 수 있다. 점포 상권 유동인구 분석에 대한 절차를 알아보자.

가) 점포가 입점하는 상권에 대하여 현지에서 조사한다.

점포가 입점하는 상권에 대하여 최소 1개월 이내 매주, 4주, 요일별, 시간대별 상황에 대하여 조사를 실시하고 장기적으로는 3개월에서 6개월까지 상권의 특성이나 상권 분석을 주기적으로 분석해서 계획해야 한다.

나) 점포가 입지하는 상권 내의 유동인구를 조사한다.

점포가 입지하는 상권 내의 유동인구를 조사하고 유동인구가 회사원인지, 학생 중심인지, 주부 중심인지, 혼자 걷는 사람이 많은지, 두 명이 걷는 사람이 많은지, 그룹으로 걷는 사람이 많은지 등을 분석한다.

다) 유동인구 패턴을 조사한다.

유동인구 패턴을 조사한다. 유동인구의 걷는 속도는 어느 정도인지를 조사한다. 주위를 보지 않고 급하게 이동하면서 걷고 있는지, 주위에서 약속하고 사람들을 만나는 것인지 등을 분석한다.

라) 유동인구의 소비 성향을 조사한다.

유동인구의 특성을 분석하고 유동인구의 소비 성향을 분석하여 근처 상권에 어떤 형태의 기존 점포들이 입점해 있는지 분석을 통해서 상권의 형태에 따라 어떤 점포를 오픈할지, 어떤 브랜드를 가맹할지를 결정해야 할 것이다.

마) 유동 차량 통행량을 조사한다.

입점하고자 하는 상권의 근처에 신호등이 있는지, 지하철 역세권인지를 분석을 통하여 어떤 종류의 차량이 많이 다니는지, 고급 외제 차들이 많이 다니는지, 중형 자동차들이 많이 다니는지, 차량 소통 상태는 어떤지 분석하여 입점하려는 점포를 결정할 수 있다.

바) 기존의 입점해 있는 경쟁업체 분석한다.

기존에 입점해 있는 경쟁 업체들이 어떤 종류의 브랜드가 많은지, 개인 브랜드인지를 조사하여 그 상권의 특성을 분석하고 유사한 업체들이 얼마나 많이 입점해 있는지 분석을 통해서 상권이 가열되어 있는지, 또는 더 확장 가능성이 있는지를 분석할 수 있다.

기존 업체가 몇 시에 오픈하는지, 어떤 상품으로 매대를 구성하고 있는지, 종업원들의 서비스 상태는 어떤지 등을 조사하여 자신 업체의 특성을 섞을 수 있을 것이다.

사) 설문 조사를 실시한다.

유동인구를 대상으로 오픈하기 전에 사전에 설문지를 작성해서 어떤 브랜드가 제일 잘 나가고 어떤 브랜드를 오픈했으면 좋은지 소비자를 대상으로 사전에 설문지를 조사하여 시장 조사를 마무리한다.

10) 점포 수익 구조 분석

점포 오픈 전에 점포에 대한 수익 구조 분석은 반드시 해야 하는 프로세스이다. 오픈할 업체의 매출, 비용 순이익과 보증금, 시설 인테리어 등 총 투자 비용으로 총 투자 금액 대비 월 몇 %의 수익이 나오는지 철저하게 사전에 계획해야 한다.

외식업의 경우 매출/비용을 계획해야 한다.
매출 = 테이블 수 10개 X 회전율(일) X 고객 수
판매가 결정 = 된장찌개, 청국장, 비빔밥, 해장국 등
매출액 최종 계획

원가/비용 계산
재료비 - 식재료비 + 기타 재료비
인건비 - 직원 인건비
임대료 - 월 임대료
제세 공과금
기타 비용 - 관리비 등
월간 순이익 = 매출 - 원가/비용을 철저히 분석 계획한다.

11) 점포의 계약 시 주의 사항

점포의 계약은 엄청나게 중요한 사항이다.

보증금을 잘못 계산했다든지, 월세를 다른 사람들보다 더 많이 계약

했다든지 등 점포 오픈에 있어서 주요한 사항이므로 철저히 해야 부동산 계약 시 임대차에 대한 세부 사항을 어느 정도 알고 사전에 건물주나 가게 주인과 협의해야 한다.

점포의 계약은 분양가, 점포 거래 가격, 점포 임대료, 점포 권리금, 점포 관리비 등 매월 손익에 엄청난 영향을 주는 것임으로 최소 2개월에서 6개월까지 기간을 두고 점포에 대하여 협의하고 조정해야 한다.

점포 계약을 중요하게 생각하지 않고 단순히 계약한다면 계약 기간 2년, 향후 같은 건물에서 계속 영업을 한다고 생각하면 건물의 계약이 얼마나 중요한지를 알게 될 것이다.

가) 부동산 계약 시 주의 사항

부동산 계약 시 계약 기간, 보증금, 매월 임차료, 관리비 등에 대하여 사전에 충분히 협의하고 조정을 통하여 진행해야 한다. 한번 계약한 부동산 계약은 절대 바꿀 수가 없기 때문이다.

나) 부동산 계약 시 세부사항

- 건물 압류사항, 근저당, 가 처분 등의 등기부 등본을 반드시 확인한다.
- 건물의 평수, 위치, 준공인, 용도 등 건축물 관리대장을 확인한다.
- 토지 대장(개별공시지가) 및 도시 계획 확인원을 확인한다. 예정된 도로나. 건축선 지정 등 지적도를 확인한다.

12) 교육 상권 분석

교육 상권도 일반적인 상권과 유사하게 분석을 시작하며 교육 관련 주요 변수에 대하여 조사를 진행하고 분석한다.

(1) 아파트가 얼마나 형성되어 있는가,
(2) 주변에 초등학교/중학교/고등학교가 얼마나 위치하고 있는가,
(3) 초등/중등/고등학생들이 몇 명이나 재원하고 있는가,
(4) 앞으로 아파트가 개발될 가능성이 있는가,
(5) 주위 위성도시로 아파트의 입주민들이 다른 지역으로 이주할 가능성이 있는가,
(6) 학원가는 형성되어 있는가,
(7) 학원가에 학원들은 어떤 학원들로 구성되어 있는가 등이다.

오픈하는 학원/교습소를 기준으로 차량 기준은 왕복 45분 내외여야 한다. 왕복 시간이 45분에서 1시간을 초과하게 되면 우리 학원을 다니는 것보다 근처 학원으로 다닐 확률이 초등학생 같은 경우 상당히 높아진다는 것을 반드시 알아야 한다.

아파트 상가 내에는 일반적으로 주위의 초등학생들과 중학생을 대상으로 교습소가 설립 가능하고 운영 가능하다.

최초 설립 시에 투자자금에 한계가 있는 경우나 대형 학원을 운영한 경험이 없는 원장들의 경우에는 중소형 학원을 먼저 시작하고 운영해 본 후에 대형 학원으로 성장해 나가는 것이 바람직하다고 할 수 있다.

학원 상권 분석을 하기 위해서는,

1. 학원 일반시장 지표 조사를 진행한다.

1) 전체 인구 수 조사

2) 전체 연령별 인구 수 조사

3) 전체 연도별 연령별 인구 수 조사

4) 전체 초등학교/중학교/고등학교 수 조사

5) 전체 초등학교/중학교/고등학교 학생 수 조사

6) 전체 상권 일반 조사

7) 전체 아파트 가구 수/인구 수 조사

8) 전체 아파트 평수/별 가격대 조사

9) 전체 지역의 소득 수준 조사

2. 교육 실적 관련 조사를 진행한다.

1) 초등학교 특성 분석

2) 중학교 학교별 특성 및 상위학교 진학률 분석

3) 고등학교 학교별 특성 및 대학교 진학률 분석

4) 기존 학원가의 학원별 실적 분석

5) 기존 학원가의 재원생 규모 분석

3. 입지 상권 내의 상권 분석을 진행한다.

1) 입지 상권 내 근거리(차량 20분 내외) 분석한다.

2) 입지 상권 내 유형별 학원 분석

3) 입지 상권 내 어떤 학원이 잘되는지 분석한다.

4) 입지 상권 내 가장 잘되는 학원과 안 되는 학원을 분석

5) 입지 상권 내 학습 커리큘럼 분석한다.

6) 입지 상권 내 수강료를 조사한다.

4. 상권 내 고객을 분석한다.

1) 상권 내 인구통계 분석한다.

2) 상권 내 학생 수를 분석한다.

3) 상권 내 대상으로 하는 초등/중등/고등학생 수 분석.

4) 학부모 대상으로 설문지를 조사한다.

5) 상권 내 소득 수준을 분석한다.

5. 대상 학생별 체계적으로 분석한다.

1) 초등학생 대상 분석 :

도보 + 학원 차량 이동이 대부분이며, 거리는 도보 15 ~ 20분 내외 / 차량으로 25분 내외.

거리가 25분을 넘어갈 경우 초등학생 이탈률이 생김.

2) 중/고등학생 대상 분석 :

도보 + 학원 차량 이동이 대부분이며, 거리는 도보 25분 내외/차량은 30 ~ 40분까지도 가능.

중학생의 경우 잘 가르친다는 소문이 형성되면 거리에 관계없이도 학원으로 유치 가능함.

다. 투자 가능 자금 확보 및 재무 계획

학원 사업에서 가장 핵심인 부분이 재무 계획이라고 해도 과언이 아니다. 재무 계획은 학원 사업뿐만 아니라 모든 사업에서 가장 중요한 계획이다.

학원 사업에서 재무 계획은 투자 계획, 마케팅 계획, 인사 계획, 운영 계획 등 모든 계획을 포함하는 비용 계획이다.

· 창업 자금 조달 전략
· 재무/투자 계획

학원 사업에서 재무 계획은 매출 계획과 비용 계획, 운영 계획 등을 전체적으로 계획해야 하는 것을 알고 있어야 한다.

재무 계획은 사업 계획에서 대략적으로 계획한 투자 계획부터 자세하게 계획해야 한다는 것이다.

1) 창업 자금 조달

학원 창업을 하기 전에 자신이 가지고 있는 부동산과 동산의 전체 자산을 파악하고 창업자가 조달할 수 있는 자금을 정확하게 파악하고 투자금을 준비해야 한다.

투자자금은 자기 자본금인 자기 자신이 가지고 있는 자본과 인 타인 자금을 빌리거나 은행에서 대출을 받는 것이 해당한다.

투자자금 = 자기 자금 + 타인 자금

2) 창업 자금 조달의 중요성

- 사업에 대한 사업 계획에 따른 조달 가능성
- 자기자본의 50% 이상 조달 가능성 점검
- 창업 후 운전자금까지 확보 가능성 점검
- 창업 초기 창업 자금에 의한 운영 가능성 확인
- 창업 자금 조달은 자기자본 + 타인자본 구분
- 자금운영 계획은 투자시설자금, 운영자금, 기타 자금

3) 창업 자금의 용도별 확보 전략

가) 창업 자금 확보 전략

창업 자금은 창업에서 가장 중요한 자금이며 기본적인 자금이다.

사무실 임차료, 인건비, 사무용품비, 기타 비용 등으로 창업 자금으로 활용되며 전체 투자자금 대비 자기 자금을 얼마나 투자할 것인지를 확인하고 타인자본을 실시한다.

타인자본은 지자체 지원자금, 창업보육센터 지원자금, 대표자 개인 대출 등으로 가능하며 반드시 자기 자본금 + 타인 자금의 비율을 조절하며 총 투자 가능한 투자자금을 확인해야 한다.

나) 창업 개발 관련 자금 확보 전략

창업 개발 관련 자금 확보는 창업 후 개발 기간을 고려해서 자금을 확보해야 한다.

개발 관련 기술은 정부 출연 자금을 활용하여 개발하며 단기 자금과 중장기 자금으로 나누어 관리되어야 하고 개발 관련 자금은 중장기 관점에서 개발 후 제품화되는 기간까지 고려되어 자금을 확보해야 한다.

다) 창업 운전자금 확보 전략

창업 운전자금 확보 전략은 창업 후 단기적으로는 6개월, 중장기적으로는 1년까지 매출 발생을 통하여 손익이 발생하는 기간까지 고려하여 준비하여야 한다.

창업 운전자금은 창업 초기 투자자금으로 운영자금까지 고려해서 확보해야 한다.

라) 창업 시설 관련 자금 확보 전략

창업 시설 관련 자금 확보 전략은 창업 초기 창업 투자자금으로 시설 및 공장 설립을 할 것인지 아니면 추후 단계적으로 확대해 나갈 것인지를 계획 후 자금을 전략적으로 활용해야 한다.

창업 초기 시설 및 공장설립을 추진할 경우 창업 자금에 시설 및 공장설립자금까지 확보해야 하고 창업 초기부터 정책 자금 차입을 통한 시설 및 공장설립을 추진해야 한다.

단계적 성장을 통한 시설 및 공장설립의 경우 매출이 성장하면서 외부 투자 유치를 통하여 진행하는 것이 바람직하며 중소기업 지원자금, 공장설립 지원자금 등 정책 자금을 활용하는 것이 가능하다.

4) 창업 자금 조달 전략

창업 자금은 자기 자본금을 투자하는 자기자본과 차입금을 통한 자금 조달 방법 그리고 정부 지원자금으로 자금 조달이 가능하다.

가) 자기 자금으로 창업 자금 조달

창업자 본인이 가지고 있는 동산과 부동산을 통한 자금 조달 및 가족이나 친구 등을 통한 지인으로부터 창업 자금을 조달하는 것을 의미한다.

· 자기 자본 창업 자금 조달 :

창업자 본인이 가지고 있는 동산과 부동산으로 자금 조달하는 것을 의미하며 이자 부담 및 원리금 상환의 리스크를 줄일 수 있고 자신의 자금을 투자하여 자신의 사업에 대한 강력한 동기부여가 되며 지출에 더욱더 신중해질 수 있다.

· 지인과 친인척으로 창업 자금 조달 :

지인 및 친/인척으로 창업 자금을 조달하는 것은 창업 초기 자기자본의 조달이 어려운 경우 지인 및 친/인척으로 창업 자금을 빌려서 자금을 조달하는 것이다.

제품 및 서비스보다는 창업자를 보고 투자하는 것으로 외부 은행이나 제2금융권을 통한 자금 조달보다는 이자 측면이나 상환해야 하는 부담감은 떨어지나 추후 사업이 폐업하였을 경우 문제가 심각해질 가능성이 크다는 것은 인지해야 한다.

나) 타인 자금으로 창업 자금 조달

타인 자금으로 창업 자금 조달은 직접 창업 자금 조달과 간접 창업 자금 조달로 나눌 수 있으며 직접 창업 자금 조달은 법인의 주식이나 회사채와 같은 증권을 발행하여 투자자로부터 자금을 조달하는 방식을 의미한다.

간접 창업 자금 조달은 금융기관의 차입금을 통한 자금 조달과 정부지원자금 또는 정책 자금을 통한 자금 조달 방식을 의미한다.

· 타인 자금 창업 자금 조달의 직접 조달 방식

법인의 주식이나 회사채와 같은 증권을 발행하여 투자자로부터 자금을 조달하는 것을 말한다.

창업 초기 법인 설립을 통하여 자금 조달 방식

대형 사업이나 제품 개발 사업에 대한 사업을 통한 조달

사업에 대한 이익과 주식의 투자로 경영권 참여로 조달

주식을 통한 투자 유치로 자금 조달

회사채나 전환사채, 신주인수권부사채, CBO를 통한 자금 조달

· 타인 자금 창업 자금 조달의 간접 조달 방식 :

타인 자금 창업 자금 조달의 간접 조달 방식은 금융기관의 차입금을 통한 자금 조달과 정부 자금 또는 정책 자금을 통한 자금 조달 방식이다.

· 은행권 대출 :

은행권 대출은 창업자의 동산 및 부동산의 재산에 따라, 창업자의 개인 신용도에 따라 제1금융권, 제2금융권 등의 은행에서 대출을 받아 자금 조달을 하는 방식.

- 법인 설립을 통한 기업의 신용도를 기준으로 정부의 정책 지원자금을 통한 창업 자금 조달을 하는 방식.
- 창업의 기술개발, 매출 실적, 사업 실적 평가에 따라 보증기관의 보증서를 통한 기타 기관을 통한 자금 조달 방식.

표2. 타인 자금 조달 전략

구분	자금 조달 원천	자금 조달 기관	장/단점
간접자본 조달	신용대출, 담보대출	제1금융권, 제2금융권 등 은행	창업자 개인 신용 하락 및 부도
	기업의 신용도	정부 정책 자금	법인 이상 가능
	기술, 매출, 사업성 등의 보증 기관	기타 신보, 기보 등 기관	매출/기술 법인 가능, 제약이 많음
직접 자본 조달	주식	벤처 캐피탈	법인 이상 매출 기반 하에 가능
	회사채, 전환사채	은행, 앤젤 투자	매출 하락 시 회사 매각 위험 존재
	신주인수권부사채	증권회사	경영권 위험
	CBO	정부 정책 자금	투자 위험

5) 정부 정책 자금의 유형에 대하여

창업 자금 조달 중에서 자기 자금을 통한 자기자본 조달과 타인 자금 조달에서 가장 핵심은 정부의 정책 자금을 어떻게 잘 활용하는 것에 달려 있다.

창업 자금 지원과 관련된 창업교육을 듣고 창업 자금을 지원받아 금리는 낮고 중장기적인 관점에서 사업자금을 조달할 수 있다.

정부의 정책 자금의 유형은 아래와 같다.

가) 마케팅, 컨설팅 등 서비스를 통한 보조자금 지원

영업 채널 구축, 마케팅 기획, 컨설팅, 인력 지원 등
서비스 지원을 통한 보조자금 지원
중소벤처기업부, 코트라, 고용노동부 등

나) 기술 개발과 관련된 RnD개발 출연자금 지원

창업 시 기술 개발과 관련된 RnD 개발 출연 지원금으로 상환의무가 없는 자금으로 보증이나 담보 이자가 없음.

다) 법인의 기업 신용을 기반으로 보증기금 자금 지원

법인의 기업 신용을 기반으로 보증기금의 보증으로 은행 대출을 통한 자금 지원.

라) 정부 관련 기관을 통한 자금 융자 지원

창업 시 자금 융자 지원은 은행 대출보다 저렴한 금리와 유리한 상환 조건으로 대출 자금을 지원, 지자체 지원금, 정책 자금, 벤처 지원금 등이 있다.

창업 자금 조달은 창업 초기 가장 중요하고 핵심적인 부분이며 창업 후 사업 계획 및 투자 계획, 재무 계획 등 사업 전반에 걸쳐 영향을 줄 수 있다.

표3. 창업 자금 조달 계획 및 자금 운용 계획 예시

구분	과목	소요 자금	조달 계획	자기자본/타인자본	합계
시설 자금	임대 보증금	5,000	자본금	자기자본	5,000
	시설 투자	4,000	정책 자금	타인자본	4,000
	개발비	25,000	정책 자금	타인자본	25,000
	기타 비용	3,000		자기자본	3,000
	소계	37,000			
운전 자금	인건비	20,000	자본금	자기자본	20,000
	임차료	3,000	자본금	자기자본	3,000
	마케팅비	1,000	자본금	자기자본	1,000
	차량비	30,000	신용대출	타인자본	30,000
	기타 비용	20,000	자본금	자기자본	20,000
	소계	73,000			
전체	합계	110,000			

6) 재무/투자 계획

창업 시 창업 자금 조달과 함께 중요하게 고려되어야 할 부분이 재무/투자 계획이다.

자기자본과 타인자본으로 조달된 창업 자금을 어느 분야에 어떻게 투자하고 개발할 것인지, 인력은 어떻게 할 것인지를 전체적으로 계획하고 진행하는 것을 재무/투자 계획이라 한다.

창업을 계획하면서 매출과 비용 그리고 수익에 대한 충분한 이해와 준비가 없이 창업에 도전한다는 것은 매출 관리가 되지 않을 뿐만 아니라 비용 관리에 실패하여 결국 사업의 실패로 이어질 수밖에 없을 것이다.

창업 시 매달 얼마의 매출이 발생하여 수입이 들어올 것 인가에 대한 계획과 고정적으로 나가는 고정비에 대한 계획, 변동적으로 매달 나가는 변동비에 대한 계획을 철저하게 검토하고 추정해야 한다.

창업 초기에는 대부분 매출보다 비용이 많기 때문에 부족한 운영자금을 어떻게 조달해야 할 것이며, 순익이 발생할 때 어떻게 활용해야 할 것인가를 반드시 계획해야 한다.

재무/투자 계획에 관련된 용어에 대하여 스스로 학습해 보자.

재무제표, 손익계산서, 대차대조표, 현금흐름표, 자산, 유동자산, 부채, 자기자본, 타인자본, 매출, 매출원가, 판매비, 일반 관리비, 영업이익, 순이익 등이다.

재무 계획은 기술, 제품 등이 개발 과정을 거쳐 시장에서 매출을 창출해 사업이 성공할 수 있는지 가능성 여부를 체계적이고 합리적으로 계획하는 것이다.

재무/투자 계획은 창업 시 성공 가능성을 높이게 하며 실패로부터 보호하기 위해 필요한 사전 점검 장치로 사업 계획과 함께 반드시 계획해야 한다.

손익분기점(Break-Even-Point BEP)은 창업 시 업체가 매출을 통해 얻은 총수입과 총비용이 같아지는 매출을 의미하며 매달 운영비 기준으로 손익분기점을 넘지 못한다는 것은 매출보다 비용이 많다는 것으로 결국 사업 실패로 이어질 수 있기 때문이다.

손익분기점 분석에서 가장 중요한 포인트는 매출 계획과 비용(고정비와 변동비)을 계획하는 것이다.

고정비는 매출이 증가하거나 감소에 상관없이 변하지 않는 비용을 의미하며 임차료, 감가상각비, 이자, 판관비, 영업외 수익, 영업 외 비용 등이 있다.

변동비는 매출의 증가나 감소에 따라 연동하여 변하는 비용을 의미하며 원재료비, 노무비, 상품 매입원가, 외주가공비, 전력비, 가스비, 수도료 등이 있다.

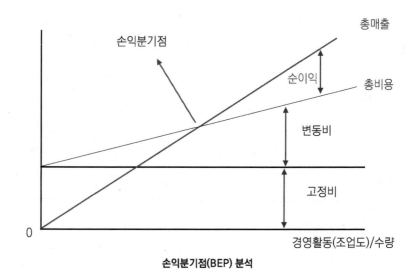

손익분기점(BEP) 분석

표4. 창업 시 추정 손익 계산서 작성법 예시

항목	2021년	2020년	2019년
매출액	40,000	40,000	40,000
매출원가	0	0	0
매출 총이익	40,000	40,000	40,000
판관비와 관리비	56,000	56,000	56,000
영업이익	-16,000	-16,000	-16,000
영업 외 수익	0	0	0
영업 외 비용	4,500	4,500	4,500
경상이익	-20,500	-20,500	-20,500
특별이익	0	0	0
특별손실	5,000	5,000	5,000
법인세 차감전 순익	-25,500	-25,500	-25,500
법인세	3,000	3,000	3,000
당기순이익	-28,500	-28,500	-28,500
비고			

라. 학원 브랜드 조사 및 과목 선정 기획

학원/교습소 사업에서 가장 중요한 부분 중의 하나인 브랜드 및 프랜차이즈 조사, 프로그램 선정, 어떤 과목을 가르칠 것이다.

학원 사업 계획서에서 프로그램 및 브랜드 선정은 제조업체에 비교하면 제품을 선정하는 것과 마찬가지이다.

학원은. 단과학원, 단과종합학원, 종합학원으로 구분되고 교습소는 국어, 영어, 수학 등의 교과목 중심의 교습소와 예체능인 음악, 미술, 서예 등의 예체능에 대한 과목으로 나눌 수 있을 것이다.

1. **단과학원 – 국어, 영어, 수학학원 중심**
2. **단과종합학원 – 국어 + 영어, 영어 + 수학, 국어 + 수학 등**
3. **종합학원 – 국어 + 영어 + 수학 + 사회 + 과학 중심**
4. **교습소 – 1인 중심 교습소**

1) 학원 구분의 이해

학원을 규모별로 구분하면

- 소형 학원/중형 학원/대형 학원

학원을 과목별로 구분하면,

- 수학학원/영어학원/논술학원/단과학원/종합학원
  피아노학원/컴퓨터학원/미술학원

학원을 학급별로 구분하면,

- 초등학원/중등학원/고등학원/성인학원 등으로 구분되며,

학원을 유형별로 구분하면

- 외국어학원 : 영어, 중국어, 일본어학원

- 보습학원 : 수학, 과학, 국어학원

- 입시 보습학원 : 입시학원

- 컴퓨터 학원 : 컴퓨터학원

- 예체능학원 : 음악학원, 미술학원

- 기타 : 독서실

단과학원의 경우 수학단과학원, 영어단과학원, 국어단과학원으로
나눌 수 있으며 단과종합학원의 경우 영어와 수학을 함께 가르치면서
국어와 사회, 과학도 가르치는 학원을 일컫는 경우를 말한다.

그리고 종합학원은 대부분 중고등학생을 대상으로 국어, 영어, 수

학, 사회, 과학, 역사까지 프로그램을 제공하고 가르치며 수강료 또한 가장 높은 학원을 말한다.

중소형 학원의 경우 대부분. 학원 원장의 강의 능력에 따라 학원의 성패가 좌우된다고 말해도 과언이 아니다.

최근 들어 교육부의 끝없는. 학원 중심의 통제 정책으로 학원으로 등록하여 가르치는 것보다 교습소나 개인과외로 등록하여 1인 기업 형태로 형성되는 경우가 많아지고 있는 추세이다.

학원 프랜차이즈 브랜드나 교습소 브랜드는 공정거래위원회 프랜차이즈 정보 시스템을 활용해서 반드시 브랜드 및 가맹점 수, 본사 매출 등을 확인해야 한다.

공정거래위원회에서 확인

www.ftc.go.kr

표5. 학원 프랜차이즈 현황 참조

프랜차이즈	학원 현황	비고
외국어 학원	정상어학원, 청담어학원, 폴리어학원, 잉글리시에그, 랭콘잉글리쉬, 에이프릴어학원, 삼성영어, 외대어학원, 잉글리시아이, 고려EIE 국제어학원, EEC외국어학원, 능률주니어학원, 해법영어교실, 윤선생영어교실, 리드101, 정철어학원, 뮤엠영어, 와이비엠잉글루영어학원, 지앤비영어학원, SLP어학원, 3030영어학원, 루체테어학원, 한솔플러스영어, YBM리딩클럽, 로제타스톤어학원, 토킹스타어학원, 통문장영어교실, 잉글리쉬무무, 와이즈리더 등.	브랜드에 따라/ 지역에 따라 가맹비는 다르다.
교과 학원	소마사고력수학, 장원교육, 와이즈만영재교육, 뉴스터디교육, 유투엠, 한솔교육국어, 아담리즈수학, 엠베스트SE, 종로학원하늘교육, 강의하는 아이들, 셀파수학교실, 비상아이비츠 학원, 빨간펜 수학의 달인, 해법 교습소, 한솔플러스 수학교실, 셀파우등생 교실, 이투스, 쎈수학러닝센터, 생각하는 수학 페르마 학원, 공터학원, 아이북랜드, 이씨엔교육, 종로엠스쿨, 차수학, 다수인, 스마트 쎈클래스, 거꾸로수업플립수학, 대성앤스쿨, 김샘학원, 점프셈교실, G1230수학학원 등.	
기타 교육	한우리독서토론논술학원, 씨엠에스학원, 에듀클렉스, 와이키즈, 에듀코치, 아소비, 아트앤하트, 관리형프리미엄독서실잇올, 어린음악대, 토즈 스터디센터, 코엔코뮤직, 브레인스쿨, 그린섬미술학원, 어린화가들, 밸런스브레인, 방문미술그림샘, 루트원, 시매쓰, 제3교실, 홍익아트 예스샘, 홍선생미술, 블럭파티, 태권도MTA, 코딩앤플레이, 요미요미, 영재들의미술상자 등.	

마. 프랜차이즈 본사 조사 및 선정

프랜차이즈 본사 조사 및 선정은 브랜드가 선정이 되는 것과 동시에 본사에 대한 정보를 파악해야 한다.

학원 프랜차이즈 본사에 대하여서는 정보공개서를 통해서 본사에 대한 모든 정보를 받아볼 수가 있다.

정보공개서를 통해서 1차 확인된 자료를 기준으로 2차 본사 방문을 통해서 가맹 계약과 계약에 대한 혜택, 다양한 프로모션에 대하여 보다 정확한 정보를 획득할 수가 있을 것이다.

프랜차이즈 본사를 선정하기 전에 프랜차이즈 본사에 대한 정보를 확인해야 한다. 프랜차이즈 본사의 매출과 재무제표가 어떻게 되는지를 확인해서 프랜차이즈 본사가 망해가는 본사인지 성장해 나가는 본사인지를 확인해야 한다.

또한, 프랜차이즈 본사의 직영 학원이 몇 개인지, 프랜차이즈 가맹 학원의 개수는 몇 개인지를 파악해야 한다.

직영 학원은 운영이 잘되는지, 가맹학원들은 상황이 어떤지를 파악해서 가능하면 직접 가맹학원의 원장도 만나서 어떻게 가맹하였는지, 학원 프로그램은 어떤지, 본사 지원은 잘 되고 있는지 등에 대하여 자세히 상담해 보기를 권한다.

프랜차이즈 본사 방문 시에는 방문하기 전에 충분히 사전 조사를 하고 정보공개서를 받아서 매출 및 재무제표를 확인하고 방문해야 한다.

프랜차이즈 본사에 방문하는 것은 본사 직원들은 수많은 가맹업자들이 이미 사전에 방문을 해보았기 때문에 직원들은 내부 프로세스에 의해 빠르게 상담을 진행하는 것이 일반적이다.

1) 프랜차이즈 본사 정보 공개서 요청

- 프랜차이즈 본사 매출 및 재무제표 확인
- 프랜차이즈 본사 직영/FC 현황 확인
- 프랜차이즈 본사 지역별 현황 확인

2) 프랜차이즈 본사 방문

- 프랜차이즈 본사 방문 및 1차 면담 시행
- 가맹 계약 및 관련 내용 1차 파악
- 상권 분석 및 브랜드, 창업 관련 자금 대여 확인
- 지역별 가맹 현황 및 가맹비 확인
- 교육 프로그램, 가맹 시 지원 프로그램 확인
- 본사 운영 매뉴얼 확인
- 프로그램(Off-On line 프로그램) 확인
- 프랜차이즈 마케팅 지원 프로그램 확인
- 프랜차이즈 자금 지원 프로그램 확인

- 프랜차이즈 가맹학원 지원 프로그램 확인

3) 프랜차이즈 직영 및 가맹학원 방문

- 프랜차이즈 직영 학원 방문 및 실태조사
- 프랜차이즈 직영 학원 매출/지역별 운영 현황
- 프랜차이즈 직영 학원 원장/강사 면담
- 프랜차이즈 가맹학원 방문 및 실태조사
- 프랜차이즈 가맹학원 매출/지역별 운영 현황
- 프랜차이즈 가맹학원 원장/강사 면담
- 프랜차이즈 직영 학원 방문 및 실태조사

4) 프랜차이즈 지사 방문

- 프랜차이즈 지사 방문
- 지사 현황 및 상태 파악

5) 프랜차이즈 프로모션/혜택 확인

- 프랜차이즈 본사 프로모션 확인
- 프랜차이즈 본사 혜택 확인

6) 최종 의사결정 및 가맹 계약

- 프랜차이즈 최종 의사결정

- 프랜차이즈 가맹 계약서 확인

- 프랜차이즈 가맹 계약

바. 학원 물권 조사 및 계약

물권 조사는 시장 조사를 통해서 전체 시장에 대한 분석과 오픈 가능한 지역을 1차, 2차, 3차로 우선순위를 두고 분석을 진행해야 한다.

교육 상권은 일반적으로 지역적 특성에 따라 영향을 많이 받는 상권으로 도심 상권, 역세권, 대학가, 오피스가, 번화가, 유흥가는 회피해야 하고 아파트 단지 상권이나 주택상권을 중심으로 학원가에 오픈하는 것이 가장 좋은 방법이다.

1) 입지를 분석한다.

- 학교와 학생 수를 중심으로 입지 분석
- 대지나 물권, 점포 등이 위치한 조건 분석
- 오픈 가능지역을 대상 물권 분석한다.

2) 입지의 중요성을 확인한다.

- 입지에 따라 투자 금액이 결정된다는 것을 기억하라.
- 좋은 입지는 매출과 직결된다.
- 입지가 사업의 성패를 결정한다.
- 입지가 가장 중요할 때가 있다.

3) 오픈 가능한 입지 선정의 원칙에 대하여 알아보자.

- 입지의 상권 내에서 얼마의 매출이 가능한지 잠재력을 확인하자.
- 오픈 가능한 입지의 접근 가능성을 분석하자.
- 입지의 성장 가능성을 분석하자.
- 고객을 얼마나 흡입할 수 있는지 흡입력을 분석하자.
- 유관 업종이 얼마나 위치해 있는지 경쟁성을 분석하자.
- 투자 대비 효과에 대하여 분석해 보자.
- 비싼 임대료 작은 학원 VS 싼 임대료 큰 학원

4) 입지 선정 시 확인해야 할 사항은 무엇인가?

- 학원 전면의 길이는 어떠한가?
- 학원의 넓이와 형태는 어떠한가?
- 도로에 인접해 있는가?
- 주차장은 개별적으로 있는가?
- 학원 차량은 주차 가능한가?
- 학원 학생 승하차 시 문제는 없는가?
- 유해 시설은 없는가?
- 학원 수준과 비교해서 보증금/임대료가 비싸지 않은가?
- 관리비, 공과금은 어느 정도인가?
- 투자자금과 부합한 크기인가?

5) 입지 선정 시 유의사항을 확인하자.

- 입지에 대한 인구 수, 인구 구성, 가구 수, 소비 수준 등을 창업자가 직접 현장에 가서 조사해야 한다.
- 학원 후보지에 대한 미래 장래성 조사를 해야 한다.
- 도시 시가지 형성 현황, 주변 도시의 인구 변화, 도시의 도로 신설 및 변경, 경쟁업체 또는 유통업체 개업 가능성 등 파악해야 한다.
- 새로운 학원 입지에 대한 창업자와 적합한지를 확인하라.
- 물권이 들어갈 건물주에 대하여 조사해 보자.
- 건물주가 어떤 사람인지 추후 사업에 엄청난 영향을 줄 수 있다.
- 보증금과 권리금, 임차 기간과 연장 가능성, 임차료, 인상률과 학원 창업자 거주지와의 통근 거리 등을 확인해야 하는 것이 필수적이다.

표6. 입지 조건의 체크 포인트

입지	체크 포인트
입지성	용도 조건, 규모, 점포 형태, 점포 배치 구조, 지형조건, 지표성, 입지 분석
교통의 접근	역세권, 도로구조 분석, 보행자 동선 분석, 차량 접근 분석, 신호등, 주차장 분석
상권의 Quality	통행자 집단 질적 수준 분석, 상주권 내 업체 특성 분석, 주택 현황 분석
상권의 경쟁성	경쟁업체의 수 및 현황 분석, 경쟁업체의 브랜드 분석
상권의 기본지수	통행자 분석, 핵심 수요자 수 분석, 거주자 수 분석
주변 업종분석	주변 점포 분석, 주변 점포 층별 분석, 브랜드 현황 분석
입점 조건 분석	보증금, 권리금, 임대 기간, 임대료, 임대 형태 등 분석
입점 장래성 분석	주변 환경 변화 가능성 분석, 교통 접근성 변화 가능성 분석, 경쟁 환경 변화 가능성 등 분석

6) 입지 선정의 절차에 대하여 알아보자.

1단계 : 대략적인 위치를 선정하라.

- 학원의 대략적인 위치를 선정하라.

지역 선정 -〉 반경 선정 -〉 위치 선정 -〉 용도를 선정하라.

2단계 : 지역 선정별 상권 예비 타당성 조사하라.

- 지역 선정으로 대략적인 선택된 점포를 기준으로 1차, 2차, 3차 상권으로 나누어 예비 타당성을 조사하라.

3단계 : 예비 점포 검색하라.

- 학원 창업에 따른 예비 점포를 물색하고 총 투자 금액의 규모, 임대 여부, 몇 층이 가능한 지 등을 파악하여 검색한다.

4단계 : 최종 상권 분석과 의사결정을 한다.

- 건물주가 어떤 사람인지 성향 분석을 부동산을 통해서 조사하고 주변 점포 등과 비교하여 자세하게 조사하고 최종 의사결정을 진행한다.

7) 점포 계약 관계를 확인하라.

- 점포 계약 전에 인테리어 업체와 동행하여 견적을 받는다.
- 집기, 비품 등의 전체 물품을 사전에 파악한다.
- 투자자금을 확인하고 계약금, 중도금, 잔금 등 일정을 확인한다.

- 공인된 부동산 중개업체를 통해서 계약하라.

- 등기부 등본, 건축물대장 등 법률 부문을 확인하라.

- 계약 장소는 사전에 확인하고 부동산과 최종 협의하라.

- 권리금을 주고 임차할 경우 반드시 사전에 확인하라.

- 계약 기간과 특약 사항은 반드시 확인하라.

- 임대료의 증가 및 재계약 관련하여 명시하라.

- 층별 임대된 업종의 업주와 사전에 건물에 관하여 확인하라.

8) 임대차 계약서 작성 시 유의사항을 체크하자.

- 임대 기간을 확인하라.

- 건물이 건물주 명의인지 확인하라.

- 건물주와 계약하라.

- 부동산중개업소를 통해서 계약하라.

- 부동산중개업소가 공인 업소인지 확인하라.

- 계약 연장 또는 해약에 관한 사항을 확인하라.

- 임차료 지급 시기 및 지급 방법, 중도 해약 시 처리방안을 확인하라.

- 건물 수리 관련 사항을 확인하라.

- 시설 원상 복구 관련 사항을 확인하라.

표7. 법률관계 확인 체크 포인트

구분	확인 내용
등기부 등본 확인	표제부, 갑구, 을구, 계약자, 토지, 건물, 소유주 확인, 근저당 채무 확인, 건축 허가 확인
토지 가옥대장 확인	토지, 가옥의 위치, 크기 등 확인
건축물 관리 대장 확인	건물 용도, 주차장, 노후 연한 확인, 건축 허가 도면 확인
도시 계획 확인원 확인	도시 계획 확인, 재개발 지역, 업종 변경 시 제한지역 여부 확인

표8. 점포의 입지 특성에 따른 가능한 사업

구분	입지 특성	가능 사업
근린 상가	소도시의 상가, 통근, 통학 상가	교습소, 과외, 일용품 등 잡화 상가
지방 상가	중소도시 중심상가, 관청, 대형상가	유행 상품 상가, 음식점
대도시 상가	대도시 번화가 상가	높은 임대료 고가 브랜드, 프랜차이즈 브랜드 상가
비즈니스 상가	기업체 상가	음식점, 기업체 대상 상가
학교 근처 상가	학교 근처 상가, 학생 대상 상가	초/중/고 학원, 대중적 브랜드 상가

9) 물권 선정에서 조심해야 할 물권

- 역세권 중심의 상권은 교육과 거리가 멀다.
- 역세권 중 상권이 확대되는 곳은 피하라.
- 상권이 확대되면 상권이 경쟁이 분산되고 치열해질 수 있다.
- 4차선 이상 도로가 있는 곳은 피하라.

- 업종이 자주 바뀌는 점포 건물은 피하라.
- 건물에 무슨 문제가 있는 것이 분명하다.
- 비어 있는 점포가 많은 곳은 피하라.
- 건물주가 장사하는 건물은 피하라. 자기 맘대로 하려고 하다.
- 주변에 대형 경쟁업체가 있는 건물은 피하라.
- 건물 주변에 공터가 있으면 피하라. 재개발될 가능성이 있다.
- 권리금이 없는 곳은 피하라. 권리금이 없는 것은 장사가 되지 않는 다는 것이다.

교육 상권에서 어느 지역 어떤 상권에서 하는 것이 사업의 성패를 좌우한다고 해도 과언이 아니다. 교육 상권에서 학원이 성공하기 위해 서는 학원의 성과와 관리력, 입소문의 세 박자가 맞아야 한다는 것이 다.

학원을 런칭 후 단기간에 매출을 확대할 수 있는 전략은 좋은 지역 에서 브랜드 충성도가 높은 브랜드로 프랜차이즈 사업을 할 경우 단기 간에 매출을 급격히 높일 수 있을 것이다.

지역 전체 상권 분석을 통하여 오픈 가능한 지역을 1차 우선순위, 2 차 우선순위, 3차 우선순위로 나누고 상권별로 가능한 점포를 확보한 후에 평가하여 제일 좋은 지역 건물에서 계약하고 인테리어를 진행하 고 오픈하면 된다.

사. 홈페이지 및 SNS 기획

홈페이지와 SNS를 기획하는 것은 학원을 가장 잘 알리는 방법의 하나이므로 반드시 학원을 오픈하기 전에 홈페이지와 블로그, 페이스북, 네이버, 다음 등의 온라인 홍보 전략을 세워서 진행해야 빠른 시간 내에 학부모들에게 입소문을 확대시킬 수 있을 것이다.

1) 학원의 홈페이지는 온라인 얼굴이다.

학원의 홈페이지는 학원이 가지고 있는 브랜드와 커리큘럼, 검증된 교육 정보를 제공하고 학부모와 학생 학원 상호 간의 커뮤니케이션 채널로서 역할을 담당하고 있어야 한다.

특히 프랜차이즈 브랜드를 가맹할 경우 프랜차이즈 본사에서 제공하는 홈페이지를 적극적으로 활용한다면 자신이 만든 홈페이지보다 훨씬 더 좋은 홈페이지를 만들 수 있을 것이다.

홈페이지뿐만 아니라 SNS에 대한 온라인 마케팅 전략을 반드시 세워야 할 것이다.

홈페이지 기획 전략은

1. 브랜드 홈페이지 메인을 기획한다.
2. 무엇을 가르치는지에 대한 커리큘럼을 확정하고 정의한다.
3. 학원 학생들의 학습 내용을 공지하는 공지 사항을 정의한다.

4. 관리 페이지를 기획한다. 관리 페이지는 학원과 강사, 강사와 학부모의 커뮤니케이션을 하는 것이다.
5. 학부모와 쌍방향 커뮤니케이션이 되도록 기획한다.

표9. 홈페이지 평가 항목

구분	평가 기준	평가 예시
접근성	접근의 용이성	사이트 맵의 접근이 용이한가? 사이트명이 쉬운가?
콘텐츠	콘텐츠의 다양성	커리큘럼은 정확한가? 학습 콘텐츠가 있는가?
커뮤니케이션	쌍방향 커뮤니케이션	학부모/학생과 쌍 향 향 커뮤니케이션인가?
관리	쉬운 관리성	언제나 접속이 가능한가?
홈페이지 컨셉	컨셉의 일관성	학원의 철학이 담겨져 있는가? 전체 컨셉이 일관되어 있는가?

홈페이지 운영은 학원 운영에 필요한 기본적인 과목별 커리큘럼을 제공하고 학원 원장의 교육철학을 소개하고 재직하고 있는 강사의 경력을 중심으로 안내하고 셔틀버스 관련 공지 사항, 과제관리 및 출결관리 등 학부모들에게 전달하고자 하는 정보를 깊이 있게 다뤄줘야 한다는 것이다.

홈페이지 주기적인 관리 포인트

1. 일일 자료 :

일일 과제, 출결관리, 학부모 상담 관리

2. 주간 자료 :

주간 성과, 주간 단어 테스트, 주간 발표 자료

3. 월간 자료 :

학부모 상담 관리, 월간 레벨 업 테스트 자료

4. 주기적 업데이트 자료 :

학부모 간담회 자료, 학생 수업자료, 학생 수업 동영상 자료, 학생 발표자료 등이다.

2) 학원의 SNS를 기획하고 확산시켜라

최근에는 SNS 마케팅이 가장 활발하게 진행되고 있으므로 페이스북, 인스타그램, 트위터, 유튜브, 블로그 등 다양한 SNS를 적극적으로 활용하여 홍보 및 마케팅 활동으로 입소문 마케팅을 추진해야 할 것이다.

SNS 마케팅은 학부모들에게 유용한 가치를 빠르게 전달할 수 있고 고객들에게 공유할 수 있는 내용, 다양한 콘텐츠를 쉽게 전달할 수 있는 가장 효율적인 방법이다.

SNS 마케팅을 통하여 학원의 이미지 개선이나 인지도를 얻을 수 있으며 입소문 마케팅으로 학부모에서 학부모에게 전달되는 바이럴 마케팅 효과도 기대할 수 있을 것이다.

SNS 마케팅을 활용하여 키워드 분석이나 카테고리 분석을 통하여 어떤 지역의 사람들이 어떤 키워드를 많이 사용하는지까지 분석할 수 있으며 그것을 통하여 1:1 마케팅을 추진할 수도 있다.

다양한 SNS의 특징에 따라 적극적인 학원의 브랜드 및 커리큘럼, 학습 성과에 대하여 지속적으로 마케팅 활동을 해야 할 것이다.

SNS 채널 별 특성

- 블로그 : 글과 이미지, 동영상
- 페이스북 : 글과 이미지, 동영상
- 인스타그램 : 이미지, 글
- 트위터 : 글, 이미지, 동영상
- 유튜브 : 동영상

■ Chapter 9 학원/교습소 마케팅 전략 참고

1. 학원/교습소에 대한 사업 계획서를 작성하였는가?

2. 학원 창업에 대한 시장 조사 및 상권 분석을 진행하였는가?

3. 학원 브랜드 조사 및 과목 선정을 기획했는가?

4. 학원/교습소 프랜차이즈 본사 조사 및 선정을 하였는가?

5. 학원 물권을 조사하고 계약하였는가?

6. 학원 개원에 따른 홈페이지 및 SNS를 기획하였는가?

04

Chapter 4.

학원/교습소 사업 준비 단계

04 학원/교습소 사업 준비 단계

학원/교습소 사업 준비 단계에서는 어떤 과목을 할 것인지 선정하고 시간표를 기획해야 한다. 학원/교습소 프랜차이즈를 가맹을 진행하고 커리큘럼을 확정한다.

지역 상권에 대하여 2차 조사를 진행하고 지역 경쟁 학원을 조사하고 인테리어 공사를 진행하고 학원 집기, 비품을 구입하며 학원 시간표를 확정하는 단계이다.

가. 과목/브랜드 선정, 시간표 기획

나. 프랜차이즈 가맹

다. 커리큘럼(Curriculum) 확정

라. 2차 지역 상권 조사

마. 지역 경쟁 학원 시장 조사

바. 인테리어 공사

사. 집기 및 비품 구입

아. 차량 운행 계획 및 계약

자. 시간표 기획 및 확정

가. 과목/브랜드 선정, 시간표 기획

학원/교습소 사업 시장 조사 단계에서 대략적으로 학원 브랜드에 대한 조사와 과목에 대하여 어느 정도 조사를 마쳤다.

사업 준비 단계에서는 어떤 브랜드를 할 것인지 어떤 과목을 어떻게 가르칠 것인지에 대한 디테일한 계획 되어야 하고 과목별 시장별 초등, 중등, 고등 시간표가 기획되어야 하는 단계이다.

처음 학원이나 교습소를 시작하는 창업자들에게 가장 좋은 방법은 학원/교습소를 하고자 하는 지역의 경쟁 학원의 시간표를 조사해서 유사하게 기획을 해보는 것이 가장 좋은 방법의 하나다.

과목 선정 및 브랜드 선정

1. 자신의 전공이 무엇인가?
2. 자신의 가르쳐본 과목이 있는가?
3. 자신의 과목 전공 수준은 어느 정도인가?
4. 투자 규모는 어느 정도인가?
5. 투자 규모에 따른 학원/교습소 브랜드는 조사해 보았는가?

개인과외, 학원, 교습소의 과목별로 수많은 학원이 존재하고 있으며 학생들은 저마다 자신의 학습 스타일에 맞는 학원과 과외를 선택하면서 교육을 받고 있다.

학원이나 교습소, 개인과외를 하면서 자신이 연간 사업 계획서를 작성하거나 연간 사업에 대하여 정리하는 학원 원장들은 많지 않다.

시간표 운영 계획은 학원에서 가장 중요한 계획 중의 하나이다. 매달 개강을 할 것인지, 두 달에 한 번 개강할 것인지, 분기에 한 번 개강할 것인지를 결정해서 신규 학생에 대하여 모집 계획과 연계하여 계획해야 한다.

시간표 운영 계획은 초등을 대상으로 할 것인지, 중등을 대상으로 할 것인지에 따라서 달라질 수 있고, 수업 시간표를 50분으로 구성할지, 100분으로 구성할지에 따라 달라질 수 있고, 주 1회를 할 것인지, 주 3회를 할 것인지 등 주 몇 회 학습할 것인지에 따라 달라질 수 있다.

시간표 운영 계획 시 고려사항은

1. Target 선정

- 초등, 중등, 고등, 성인

2. 개강 시기 선정

- 매월 개강, 두 달에 한 번 개강, 분기 개강

3. 주 몇 회 수업 선정

- 주 1회, 주 2회, 주 3회, 주 5회 등

4. 1회 수업 구성 선정

- 50분, 60분, 70분, 80분, 90분, 100분, 120분, 150분 등

5. 수강료 산정

- 학원 개원. 지역 주위의 상권을 분석하여 유사한 학원의 수강료를 조사하여 수강료를 산정한다.

표10. 수강료 및 시간표 계획 시 고려사항

구분	Contents	Contents	Contents
Target - 초등 - 중등 - 고등	초등학교 중학교 고등학교 몇 개인지 파악	초등학교 중학교 고등학교 학생 수 파악	초등학교 중학교 고등학교 입시 결과 파악
2. 개강시기 결정	매달 개강	두 달에 한 번 개강	분기별 개강
3. 주 몇 회 수업 결정	주 1회 매일 수업	주 2회 수업	주 3회 수업
4. 1회 수업 시간 결정	50분 60분	70분 90분	100분 120분 150분
5. 수강료 결정	주위 학원 수강료 파악	상권 분석	교육청 기준 수강료 확인 결정

나. 프랜차이즈 가맹

학원/교습소 프랜차이즈 본사 방문 및 정보공개서를 받아서 본사의 매출 및 손익이 좋은지를 확인하자.

직영 학원이나 프랜차이즈 가맹학원을 1개에서 3개 정도 선정을 하고 직영점과 프랜차이즈 가맹학원의 방문을 통하여 프랜차이즈 학원/교습소가 잘 운영이 되고 있는지, 본사의 프랜차이즈 학원/교습소에 지원은 잘되고 있는지 등을 조사하고 확인한다.

1. 직영점 및 프랜차이즈 학원/교습소 방문
2. 프랜차이즈 브랜드 선정
3. 프랜차이즈 본사 방문 계약서 작성
4. 프랜차이즈 본사 가맹비 입금
5. 프랜차이즈 본사 교육 진행

위의 모든 조사가 끝나면 학원/교습소 프랜차이즈 가맹 브랜드를 선정하고 가맹비와 시장 권역을 선정하여 프랜차이즈 본사에 방문하여 프랜차이즈 가맹을 진행한다.

프랜차이즈 가맹이 진행되면 며칠 이내에 가맹비를 입금해야 프랜차이즈 계약이 완료된다는 것을 알아야 한다.

프랜차이즈 가맹 후 본사 교육 일정을 확인하여 교사와 직원에게 공지하여 본사의 교육 일정에 잘 맞추어서 진행할 수 있도록 하자.

본사 교육은 프랜차이즈 학원/교습소를 운영하는데 가장 핵심적인 부분인 학원 운영시스템, 학원 커리큘럼 등 학원 운영에 대한 전반적인 시스템과 관리에 대하여 교육을 진행하는 것이다.

프랜차이즈 가맹의 경우 중/대형 학원은 프랜차이즈 본사 가맹 및 교육을 진행하는 경우가 대부분이지만 중/소형 학원 또는 개인 교습소의 경우는 지사를 통해 계약을 진행하고 지사에서 프랜차이즈 교육을 받는 경우가 많다.

지사 체제의 경우 지사와의 관계를 좋게 하여 지원 및 도움을 많이 받을 수 있도록 하는 것도 좋을 것이다.

다. 커리큘럼(Curriculum) 확정

커리큘럼 확정은 학원/교습소 원장이 프랜차이즈 가맹을 하는 것과 동시에 프랜차이즈 본사가 제공하는 커리큘럼을 사용해야만 한다.

커리큘럼이 초등과 중등으로 나누어져 있는지 초등과 중등이 서로 연계되어 있는지 등에 대하여 프랜차이즈 가맹 전에 반드시 확인하고 공부해야 한다.

학원/교습소 사업에서 가장 핵심인 부분이 커리큘럼이다. 초등은 어떻게 가르칠 것인지, 중/고등은 어떻게 가르칠지에 대한 가장 중요한 토대가 커리큘럼이다. 커리큘럼을 기반으로 학생들이 수업을 듣고 선생님들이 수업을 진행하기 때문이다.

커리큘럼 확정과 동시에 본사 교육과 자체 학원 강사, 원장, 직원 교육을 진행해야 하고 경쟁 학원의 시간표를 시장 조사하여 시간표를 계획해야 한다.

라. 2차 지역 상권 조사

1차 시장 조사는 전체적인 큰 시장을 전제로 시장 조사를 진행되었다고 하면 2차 시장 조사는 1차 시장 조사를 기반으로 오픈할 학원을 중심으로 자세하게 시장 조사를 진행해야 한다.

오픈되는 학원의 주소를 기반으로 도보로 올 수 있는 학교가 몇 개인지를 파악하고 초/중/고등학교 학생 수와 교실 수, 위치 등을 파악하여 시장성 분석을 자세하게 진행하여 1차 학생 수 모집 규모를 예측한다.

표11. 2차 지역 상권 조사

- 지역 초등학교, 중학교, 고등학교 시장 조사

	기준	학생 수	교실 수	위치 (주소)	시장분석
초등학교	A 초등학교				
	B 초등학교				
	C 초등학교				
중학교	D 중학교				
	E 중학교				
	F 중학교				
고등학교	G 고등학교				
	H 고등학교				
	I 고등학교				
	합계				

표12. 2차 시장 조사 아파트 현황 조사

구분	가구 수	인구 수	주소	시장분석
OO동				
OO아파트				
OO아파트				
OO아파트				
소계				
OO동				
OO아파트				
OO아파트				
OO아파트				
소계				
OO동				
OO아파트				
OO아파트				
소계				
합계				

마. 지역 경쟁 학원 시장 조사

지역 경쟁 학원에 대하여 시장 조사를 시행해야 한다. 어떤 과목을 가르치고 수강료는 어떻게 되고, 학생들은 몇 명 정도 다니는지 확인하고 조사해야 한다.

· 원장 및 강사 : 원장 및 강사 구성이 어떻게 되는지 조사하자.

· 수강 과목 : 어떤 과목을 가르치는지 조사하자.

· 반 시간표 : 학원 시간표를 조사해야 한다.

· 커리큘럼 : 종합반, 단과반 인지 커리큘럼을 조사하자.

· 수강료 : 초등/중등/고등 수강료를 확인하자.

· 광고/홍보 관련 : 광고 및 홍보 관련 자료를 확인하자.

· 차량 운영 관련 : 차량은 몇 대를 어떻게 운영하는지 조사하자.

· 주요 학원 평판 : 주요 학원 평판을 조사하자.

바. 인테리어 공사

학원/교습소 사업 준비 단계에서 브랜드가 선정되고 프랜차이즈 가맹을 완료하면 커리큘럼이 확정된다. 상권 조사를 통해 물권을 확보하고 그 물권에서 인테리어 공사를 진행해야 한다.

1) 학원/교습소 교육청 인테리어 관련 매뉴얼을 숙지하자.

각 교육청 홈페이지에 가면 교육청 학원/교습소 인테리어 관련 기준을 공지해 놓았다. 홈페이지에서 다운로드하여서 자신이 운영하고자 하는 학원에 어떻게 적용 가능한지 확인해야만 한다.

2) 프랜차이즈 가맹 시 본사의 인테리어 매뉴얼을 참조하자.

프랜차이즈 본사와 가맹할 경우 본사에서 인테리어 가이드라인이 되어 있는 인테리어 매뉴얼을 줄 것이다. 그 매뉴얼을 참조해서 인테리어를 진행하면 된다.

어떤 본사의 경우 인테리어 공사업체를 지정해 주는 경우가 있고 어떤 본사는 인테리어 매뉴얼만 제시하고 공사업체 선정 및 공사는 학원 원장이 해야 하는 경우가 있다. 잘 확인해서 진행하자.

3) 공사업체 선정 및 인테리어 공사 진행

공사업체 선정은 견적을 몇 군데 받아서 최적의 공사업체를 선정하고 인테리어를 진행하면 된다.

인테리어의 경우 한번 시공을 할 경우 사업을 영위할 때까지 거의 변경하지 않음으로 잘 선정해야 한다. 인테리어 공사는 규모의 따라서 공사 기간이 달라짐으로 자신의 학원/교습소 규모에 따라 공사를 진행하자.

인테리어는 학원 규모에 따라 최소 2주에서 한 달 넘게도 진행됨으로 공사업체에서 공사 일정 및 설계도를 잘 받아서 진행하자.

4) 인테리어 공사 진행 기간 참조

인테리어 공사 진행 프로세스는 아래의 순서로 진행된다. 가설공사 및 천장 공사, 벽체 및 유리 공사, 목공사, 필름 공사, 및 도배 및 바닥 타일공사, 전기 및 통신공사, 냉난방 공사, 소방 및 간판 공사

5) 학원 인테리어 인/허가 관련 주요 사항

학원 인테리어가 끝나면 각 교육청에 학원의 인/허가 관련 업무를 해야 한다. 교육청과 소방서에서 학원의 인/허가가 나지 않으면 학원을 오픈하지 못하는 엄청난 일이 발생할지도 모른다.

가) 용도 변경 관련

용도가 학원이 되는 곳인지 계약하기 사전에 확인해야 한다.

나) 소방 관련 인/허가

소방 관련 방염 및 필름 작업 시 고려해야 한다. 방화문, 소방 설비, 소화기 비치 등 자세히 확인하자.

다) 교육청 인/허가

용도변경 및 소방 관련 인/허가 모두 완료되면 교육청에 인/허가를 신청해야 한다. 용도변경(건축물대장), 소방완비증명, 시설 평면도 등을 사전에 교육청에 문의해서 확인하고 신청하자.

사. 집기 및 비품 구입

학원 인테리어 공사가 끝나기 전에 설계도에 따라 학원 집기 및 비품을 구입해야 한다. 학원 집기 및 비품은 인테리어 품목에 해당된다.

프랜차이즈 가맹 학원의 경우 인테리어 매뉴얼에 포함되어 있는 경우가 대부분이다. 인테리어 매뉴얼에 따라서 집기와 비품을 구입하면 된다.

학원의 인테리어는 학원의 모든 것을 결정짓는 외적인 요소이다. 프랜차이즈 가맹 학원을 방문하고 프랜차이즈 본사와 협의를 통해서 진행해야만 하는 부분이다.

· 학원 집기 및 비품 구입 관련

학원의 집기 및 비품 구입의 방법은 새 제품을 구입할 수도 있고 중고를 구입할 수도 있다. 하지만 일반적으로 학원을 신규로 시작하는 경우 새제품을 구입하는 것을 추천한다.

학원 오픈에 자금이 너무 없거나 하는 경우를 제외하고는 새 제품과 중고 제품의 가격 차이가 문제가 아니라 새로 시작하는 학원에 중고 제품을 구입하는 경우 학부모와 학생들에게 처음부터 좋지 않은 이미지를 줄 수 있기 때문이다.

학원 집기 중에서 학생 책상 세트의 경우 학원이 대형 학원이면 처음부터 모든 책상 세트를 구입하는 것보다 조금씩 구매하는 것을 추천한다.

대형브랜드와 대형 상권에 해당하는 경우를 제외하고 처음부터 300명, 500명, 1000명의 학생이 입학하기는 어려운 것이 교육이다.

· **학원 집기 비품 리스트**

강사/상담용 책상 세트, 학생 책상 세트, 온라인 학습용 컴퓨터 세트, 프린트, 복사기 등 OA 기기, 수강 관련 서류 봉투

아. 차량 운행 계획 및 계약

학원 차량 운행은 학원을 대신해서 움직이는 광고라고 해도 과언이 아니다. 학원 차량 운행 및 학원 차량 기사는 신중하게 진행해야 한다.

학원 차량 계약 및 운행 계획 완료는 오픈 하기 최소 2 ~ 3주 전에 차량을 몇 대 운영하고 어떻게 운영할 것인지를 결정해야 한다.

학원 차량의 외부 랩핑의 경우 프랜차이즈 가맹학원의 경우 프랜차이즈 인테리어 매뉴얼 내에 해당됨으로 프랜차이즈 본사와 협의를 통해서 학원 차량 외부 랩핑을 진행해야 한다.

프랜차이즈 가맹학원이 아닌 개인 소형 학원이거나 교습소의 경우 어린이 안전 보호 차량으로 전체 차량을 노란색으로 도색하고 간단하게 학원 이름만 랩핑 하면 된다.

학원 차량 운행 시 고려사항

· 시간표에 따라서 어디까지 운행할 것인지 결정한다.
· 차량을 어떻게 운영할지를 최종적으로 결정한다.
· 차량을 몇 대 계약해서 운영할지 결정한다.
· 차량을 몇 인승을 운영할 것인지 결정한다.

학원 차량 구입 및 위탁에 따른 주요 사항

· 학원 차량을 학원에서 구입하는 경우

학원 운전원만 채용해서 운행

· 학원 차량을 위탁해서 계약하는 경우

학원 차량을 위탁해서 계약하는 경우에는 차량과 운행자를 동시에 위탁해서 계약하게 된다.

· 학원 차량 구입의 방법과 관계없이 어린이가 탑승하는 경우

어린이를 보호할 수 있는 보호자가 탑승해야만 한다.

· 차량 운행 계약 관련

차량 운행 계약은 사전에 반드시 운행자와 협의를 통해서 진행해야 하며 4대 보험 처리 및 퇴직금 지급 여부에 대하여도 계약서에 반드시 명시해야만 한다.

· 학원 차량 운행 서비스 및 기사 주간 회의 관련

학원의 학생들이 학원 수업이 끝나고 학생들에게 마지막으로 서비스할 수 있는 것이 차량 운행 서비스이다.

· 어떤 학생은 차량 때문에 그만두는 학생도 있을 수 있다.

차량 계약 대수가 많은 대형 프랜차이즈 학원의 경우 차량 기사들과 주기적으로 회의를 하고 차량 기사 중 팀장 제도를 만들어서 팀장이 전체 기사들을 이끌 수 있도록 한다.

자. 시간표 기획 및 확정

학원/교습소를 오픈하기 전에 학원 시간표를 최종적으로 확정해야만 한다. 신규로 학생이 레벨 테스트를 받기 시작하면 레벨에 맞게 반 배정을 해야 한다.

신규 학생이 오면 학부모에게는 학원 원장이 학원에 대한 브랜드, 커리큘럼 등에 대하여 설명을 진행한다.

신규 학생이 레벨 테스트를 약 30 ~ 40분을 치고 끝나면 채점 후 성적에 따라 반을 배정하면 된다.

학년별 레벨별로 거의 구성이 커리큘럼이 되어 있으므로 학년별 레벨별로 반 배정을 진행하면 된다.

학원/교습소 오픈 초기에는 1:1 학원의 경우는 시간별로 반 배정을 진행하고 소규모 학원의 경우 통합 반의 형태로 운영을 시작하면 된다.

1. 학원/교습소에 대한 과목, 브랜드 선정, 시간표를 기획하였는가?

2. 학원/교습소 프랜차이즈 가맹인가 독립 학원인가?

3. 학원/교습소 커리큘럼을 확정하였는가?

4. 학원/교습소 2차 지역 상권 조사를 하였는가?

5. 학원/교습소 지역 경쟁 학원에 대하여 시장 조사하였는가?

6. 학원/교습소 인테리어 공사를 진행하였는가?

7. 학원/교습소 집기 및 비품을 구입하였는가?

8. 학원/교습소 차량 운행에 대한 계획 및 차량 계약을 하였는가?

9. 학원/교습소 시간표를 기획하고 확정하였는가?

05

Chapter 5.

학원/교습소 사업 마케팅/조직 구축 단계

05 학원/교습소 사업 마케팅/조직 구축 단계

학원/교습소 사업 마케팅 및 조직 구축 단계에서는 개원하는 학원에 대하여 광고, 홍보 계획 및 실행을 해야 하고 직원과 강사 등 교직원들을 선발하고 교육을 진행해야 한다.

학원 개원하기 전에 신규 학생들을 모집하기 위해서 신규 학부모와 학생들을 위하여 신규 입학 설명회를 기획하고 신규 입학 이벤트를 기획하고 실행해야 한다.

가. 광고, 홍보 계획 및 실행
나. 교직원 선발 및 교육
다. 신규 입학 설명회 기획
라. 신규 입학 이벤트 기획

가. 광고, 홍보 계획 및 실행

학원/교습소를 오픈하기 전에 인테리어가 완료되고 학원 집기와 비품의 구입이 완료되면 학원에 대하여 광고 및 홍보 계획을 세워 실행해야 한다.

학원/교습소를 오픈하게 되면 학원에 대하여 아부것도 모르는 상태이다.

학부모/학생들에게 자신이 오픈하는 학원에 대하여 광고와 홍보를 해야만 어떤 학원이 오픈하는 것에 대하여 알고 상담을 받거나 단계 테스트를 받을 수 있게 된다.

1) 광고 및 홍보 계획

광고 홍보 계획은 내부 고객을 대상으로 한 것과 외부 고객을 한 것으로 나눌 수가 있을 것이다.

내부 고객은 직원과 강사를 대상으로 한 것이다. 직원과 강사를 대상으로 내부 고객 만족이 이루어져야 한다는 것이다.

외부 고객은 학생과 학부모를 대상으로 하여 신문광고, TM, 설명회, 홍보 등을 진행하는 고객을 의미한다.

2) 광고 홍보의 종류

광고 홍보의 종류에 대하여 알아보자.

· 학원 설명회나 신규 학부모 설명회

신규 학부모나 학생들을 대상으로 진행하는 설명회 프로그램이나 특강 관련해서 소개하는 설명회

· 현수막 광고

지역별로 게시판에 광고할 수 있는 게시판, 현수막, 광고 버스, 학원 내/외부 현수막 광고

· 홈페이지 광고

홈페이지와 블로그를 만들어서 광고지역 내 유명한 맘 카페에 광고

· 광고 전단광고 전단의 경우

전단지를 만들어서 신문광고

· TM 광고

TM 광고의 경우 기존 원생을 대상으로 가능하고, 신규 학생의 경우는 신규 학생 이벤트를 통해서 전화번호를 받아서 가능하다.

· DM 광고

신규 학원의 경우 DM 주소 리스트가 없으므로 어려우나 기존 학원인 경우 기존 학생들 주소를 기준으로 가능하다.

· 직투 광고

학원 직원, 강사, 원장이 직접 학교 앞에 나가서 노트나 볼펜 등을 학생들에게 나누어 주면서 광고하는 것을 의미한다. 직투 광고는 기존 학원 및 신규 학원 모두에게 좋은 광고 전략이다.

나. 교직원 선발 및 교육

학원을 창업할 때 가장 중요한 부분이 처음에 학원에서 함께할 직원과 강사이다. 처음 학원을 오픈할 때에 어떤 직원과 강사와 함께 하느냐에 따라 학원의 명운이 달라진다 해도 과언이 아니다.

학원을 창업할 때 가장 중요하게 고려되어야 하는 부분이다. 다른 부분은 학원 창업 시 하드웨어적인 부분이지만 인력과 관련된 부분은 학원 창업에 있어서 소프트웨어적인 부분으로 가장 중요하다.

1) 직원 채용에 대하여

학원 창업 시에 가장 중요한 부분이 직원 채용이다. 학원 오픈에 따라 학원 원장의 마인드를 잘 따라와 주고 학원의 강사들과도 잘 어울릴 수 있는 직원을 채용해야 한다는 것이다.

프랜차이즈 가맹학원의 경우 직원 채용 시 학원이 아직 인테리어를 완료하지 않은 경우에 해당됨으로 다른 사무실이나 커피숍에서 진행해야 한다는 것이다.

프랜차이즈 가맹학원의 경우 프랜차이즈 가맹학원이라는 것을 강조하며 프랜차이즈 본사 교육을 통해서 지역 학원에 대하여 더 소속감을 느낄 수 있도록 해야 한다.

2) 강사 채용 방법에 따라서

· 지역 일간지에 강사 채용 구인

학원 오픈 지역에 일간지에 강사 채용 광고를 통해서 구인할 수 있다.

· 인터넷 인크루트나 잡코리아를 통한 구인

인터넷 인크루트나 잡코리아 등 인터넷 구인광고를 통해서 구인도 가능할 것이다.

· 지역 학원 원장/지인을 통한 구인

지역 학원 원장이나 지인을 통해서도 구인할 수 있다. 이 방법이 가장 신뢰도가 높고 처음 오픈할 경우 좋은 방법이다.

· 지역 대학 및 주변 대학에 의뢰

지역 대학 및 주변 대학에 학원 강사 채용을 의뢰하고 대학교 내 게시판에 게시하여 채용할 수 있다.

3) 학원에 몇 명의 강사로 시작할 것인가?

· 학원 초기 사업 계획에 따라 구성이 달라진다.

채용학원 초기 사업 계획에 따라 채용 가능할 것이다. 학원 초기 사업 계획이 100명이 목표라면 1 ~ 2명 강사를 채용해야 한다.

· 학원의 형태에 따라 채용 규모가 달라진다.

학원이 교습소일 경우는 원장이 모든 것을 다해야 한다. 학원이 소규모 학원일 경우 처음부터 강사를 채용하면서 학원을 오픈하는 것보다 원장이 신규 학생들의 등록을 보면서 채용하는 것이 가장 좋은 방법이다.

· 중/소형 학원일 경우

대부분 전임강사 1명과 파트 1명으로 2명으로 시작하는 경우이다.

외국어학원의 경우는 외국인 강사를 1명 채용하고 내국인 강사 1명을 채용해서 2명으로 시작하는 경우 또는 내국인 강사가 3명, 4명으로 구성해서 진행하면 된다.

4) 학원 강사 자격 기준

- 초/중등 교육법 제21조의 규정에 따른 교원의 자격을 소지한 사람
- 전문대학졸업자 또는 이와 같은 수준 이상의 학력이 있는 사람
- 국가기술자격법에 따라 교습과목과 같은 종목의 기술사, 기능장, 기사, 산업기사의 자격을 취득한 사람

- 국가기술자격법에 따라 교습과목과 같은 종목의 기능사 자격을 취득한 후 3년 이상의 실무경력이 있는 사람
- 고등학교 졸업자 또는 이와 같은 수준 이상의 학력이 있는 사람으로서 교습하려는 부문에 2년 이상 전임으로 교습한 경력이 있는 사람
- 국가 또는 지방 자치단체 등 공공기관이 주관하거나 후원하는 전국 규모의 각종 기능경기대회에서 교습하려는 부문에 입상한 실력이 있는 사람
- 중요 무형문화재 보유자 등 기능 또는 예능 보유자로서 교육감이 인정하는 사람
- 대학 졸업 이상의 학력이 있는 외국인으로서 출입국관리법 제10조 및 같은 법 시행령 제12조에 따른 해당 체류자격이 있거나 같은 법 제20조 및 같은 법 시행령 제25조에 따라 해당 교습활동에 관한 체류자격 외 활동 허가를 받은 사람

5) 강사 채용 시 구비 서류

강사 채용 시 구비 서류는 각 교육청 기준에 적합해야 한다. 각 교육청 기준에 따라서 구비 서류를 완벽하게 해야 하는지 알아보아야 한다.

- 최종 학력 증명서
- 성범죄 및 아동 학대 경력 조회 회신서

강사가 해외에서 학위를 받았을 경우 대사관이나 영사관에서 확인을 받아오거나 본국 공증(아포스티유) 제출, 비영어권의 경우 번역 공증을 추가로 제출해야 한다.

6) 학원 강사 채용 프로세스

· 채용 광고를 게시 및 접수

학원 강사 채용 광고를 게시한다. 대상과 급여, 근무시간 등을 명확히 게시해야 한다. 전화 접수, 이메일, 방문 접수를 한다.

· 면접을 진행한다.

면접은 면접 일정에 맞춰서 진행한다. 학원을 처음 오픈하게 될 때 강사를 면접하는 경우 인테리어가 마무리되지 않을 때가 있다. 이때 다른 사무실이나 커피숍에서 면접을 진행하자. 면접하기 전에 면접 질의서 작성 및 응답을 진행하자.

· 시강을 한다.

학원 강사 채용에 있어서 가장 중요한 것이 시강이다. 시강은 학원 강사가 얼마나 가르치는 것을 잘하는지 판단하는 것이다.

· 채용 결정 및 계약

학원 강사 시강을 확인하고 면접과 시강의 종합적인 부분을 평가하여 최종 결정하여 강사와 계약을 하면 된다.

7) 학원 강사 채용 시 고려사항

학원 강사 채용 시 고려사항으로 경력보다 마인드가 가장 중요하다. 학원 강사 채용 시에 프랜차이즈 학원의 경우 부원장, 원장, 직원 등 모든 사람이 들어가서 면접을 진행하고 평가에 임해야 한다.

- 학생들을 사랑하고 아끼는 마음이 있는지 확인하자.
- 강의에 대하여 직업관이 확실한지 확인하자.
- 학원과 가까운 거리에 있는지도 확인하자.
- 영어학원인 경우 영어 전공자인지도 확인해야 한다.

8) 강사 채용 시범 강의 시 주요 체크 사항

- 강의는 학생들이 잘 알아듣게 하였는가?
- 강의는 중요한 부분을 잘 설명하였는가?
- 강의 시 판서는 잘하고 있는가?
- 강의 시 학생들과 Eye Contact는 잘하는가?
- 강의할 때 자신만의 논리가 있는가?
- 영어 과목의 경우 문법 별로 간략히 설명할 수 있는가?

9) 직원 및 강사 교육 진행

직원과 강사 채용이 완료되면 프랜차이즈를 가맹한 학원은 프랜차이즈 본사의 교육을 진행하면 된다.

프랜차이즈 가맹학원이 아닌 중소형 개별 학원인 경우에도 교육 매뉴얼을 만들어 놓도 전문성 있게 교육해야 한다.

교육 매뉴얼 없이 교육을 진행하면 직원과 강사가 체계가 없이 운영된다고 생각하고 학원 원장에 대한 신뢰하지 못할 것이다.

다. 신규 입학 설명회 기획

학원을 오픈하게 되면 학원에 대하여 설명할 수 있는 신규 입학 설명회를 개최해야 한다. 신규 학원 입학 설명회를 통해서 학원 및 커리큘럼에 대하여 설명을 할 수 있게 된다.

1) 신규 입학 설명회 개최 기획

신규 입학 설명회는 학부모와 학생을 대상으로 학원에 대하여 브랜드, 커리큘럼을 설명하고 학생들에게 레벨 테스트를 통하여 상담 및 반 배정을 하고 등록까지 이어지게 하는 방법이다.

2) 신규 입학 설명회 개최 프로세스

1. 신규 입학 설명회 일정을 선택한다.
2. 신규 입학 설명회 연사를 결정하고 계약한다.
3. 신규 입학 설명회 자료집을 준비한다. 학원 입학 설명회 관련 주제, 최신 교육 정보, 학원 교육 프로그램, 학원 홍보 안내문
4. 전단지 및 리플릿 광고를 진행한다.
5. 신규 입학 설명회에 필요한 음료수 등을 준비한다. 학부모 방명록 음료수 및 자료 준비, 필기도구, 장소 안내문, 설명회 선물 및 등록 안내문
6. 신규 입학 설명회를 진행한다.
7. 신규 입학 설명회 진행 후 소감을 받는다.

라. 신규 입학 이벤트 기획

신규 입학 이벤트는 학생들을 대상으로 커리큘럼의 일부 또는 행사 프로그램을 기획하여 신나고 재미있게 이벤트를 하는 것으로 학생들이 재미있는 프로그램을 통해 등록까지 이어지게 하는 것이다.

1) 신규 입학 이벤트 진행 프로세스

1. 신규 입학 이벤트 일정을 선택한다.

2. 신규 입학 이벤트 대상 학년과 모집 인원을 선정한다.

3. 신규 입학 이벤트 프로그램을 기획한다.

4. 신규 입학 이벤트 준비물을 준비한다. (음료수, 사탕, 과자 등)

5. 신규 입학 이벤트를 학생들과 재미있게 진행한다.

6. 신규 입학 이벤트를 후기를 받는다.

7. 신규 입학 이벤트를 마무리한다.

1. 학원 오픈에 따른 광고, 홍보를 계획하고 실행하였는가?

2. 교직원 선발 및 교육을 진행하였는가?

3. 신규 입학 설명회를 기획하고 진행하였는가?

4. 신규 입학 이벤트를 기획하고 진행하였는가?

06

Chapter 6.

학원/교습소 사업 런칭 단계

06 학원/교습소 사업 런칭 단계

학원/교습소 사업 런칭 및 안전화 단계에서는 학원 오픈 및 개원에 대한 점검 사항을 체크해야 하고 수업 및 관리에 대하여 어떻게 내실화를 할 것인지를 기획해야 한다.

학원 개원에 따른 신규 학부모 입학 설명회와 신규 학생 이벤트를 진행하고 각 파트 별 업무를 분장하고 주간 회의를 해야 한다.

학원 수업에 따라 보강 매뉴얼을 기획하고 여름방학과 겨울방학 특강을 계획해야 한다.

가. 학원 오픈 및 개원 점검 사항

나. 수업 및 관리 내실화

다. 신규 학부모 입학 설명회 및 학생 모집 이벤트 진행

라. 업무 분장 정립 및 주간 회의

마. 보강 매뉴얼 기획

바. 여름방학 및 겨울방학 계획

가. 학원 오픈 및 개원 점검 사항

학원/교습소를 오픈하면 신규 학생들이 계속 등록하러 오고 상담하면서 수업이 동시에 진행된다.

신규 학원 오픈 날에 전체 직원, 강사, 차량 운전기사까지 다 모여서 간단한 개원식을 통해 한마음으로 시작하는 것을 기념하는 것이 좋다.

신규 학원 오픈 날 점검 사항은

- 학원 반 배정 현황이 잘 되어 있는지 확인해야 한다.
- 선생님별 반 배정 현황을 보고 학생 배정을 점검한다.
- 선생님 교재 준비 및 수업 준비를 최종 확인한다.
- 차량 운행 시간표를 최종적으로 확인하고 탑승 시간과 학생을 확인한다.
- 모든 것을 확인하고 교직원들과 상호 정보를 공유한다.

나. 수업 및 관리 내실화

학원 수업이 시작되면 수업에 오지 않는 학생에게 확인 전화를 하고 강사들은 수업에 들어가서 수업을 진행해야 하는 학원 일일 업무가 시작된다.

수업 및 관리 내실화 방안에 대하여

· 수업 내실화

수업 내실화는 강사의 업무 내실화이다. 학원 강사가 하루 업무를 어떻게 처리하고 수업을 어떻게 해야 하는지에 대하여 순서를 알려주고 이를 이행했는지를 잘 체크해야 한다.

· 강사의 학생관리 내실화

수업 내실화에 따라 강사는 학생들을 관리하고 지원해 주어야 한다. 출결관리, 수업 태도 관리, 성적 관리, 신입생 관리, 퇴원 생 관리 등 강사가 관리해야 하는 부분을 체크해야 한다.

· 학생 및 학부모 상담 관리 내실화

수업이 시작되면서 강사는 신규로 등록한 학생과 학부모들에게 상담을 주기적이고 지속해서 해주어야 한다.

다. 신규 학부모 입학 설명회 및 학생 모집 이벤트 진행

신규 학부모 입학 설명회 및 신규 학생 이벤트의 경우 학원이 오픈되면 강사들은 수업을 진행하고 학생들 관리를 진행한다.

상담 파트도 학원에 등원하는 학생 출/결석 확인, 학부모 상담, 선생님 지원 업무 등으로 바쁜 하루를 지내게 된다.

신규 학부모 입학 설명회의 경우 매주 주말 토요일 11시로 고정해서 학부모와 학생들을 모집하여 운영하는 경우와 매일 상시 신규 학부모와 학생을 상담하는 체제로 전환하는 것을 추천한다.

신규 학생 이벤트의 경우 학원이 개원되고 수업을 진행하게 되면 수업에 더 초점을 두고 학원 운영에 내실화를 하는 것이 좋은 방향이다.

추후 어린이날 이벤트나 크리스마스 이벤트처럼 특별한 날에 친구 초대 이벤트와 함께 진행하는 것이 좋은 방향이 될 것이다.

라. 업무 분장 정립 및 주간 회의

학원이 오픈되면 학생들이 등록하고 수업이 진행되고 차량이 운행되면서 바쁜 하루하루가 될 것이다.

학원의 각 파트별 업무 분장을 통하여 학원 원장이 개별적으로 지시하지 않아도 자동으로 업무 분장이 되어 자체적으로 운영될 수 있도록 시스템화를 만들어야 한다.

1) 원장 및 부원장 업무

- 전체 학원 총괄 관리
- 교직원 출근 및 퇴근 확인 관리
- 학원 각 파트별 업무 분석 및 현황 파악
- 교직원 채용 및 해임 관리
- 수강생 등록 및 퇴원 최종 관리
- 교직원 급여 및 재무파트 최종 관리

2) 상담 파트 팀장 업무

- 교직원 출근 및 퇴근 확인 지원
- 수강생 등록 및 퇴원 업무 지원
- 전체 학원 지원 업무
- 수강생 교재 구매 관련 지원

- 수강생 및 강사 지원 업무

- 학원 상담 지원 업무

- 학원 수강생 수강료 입금 및 지원 업무

3) 강사 파트 업무

- 반별 커리큘럼 강의 및 지원

- 교재 선정 및 교안 작성 지원

- 시험 기획 및 결과 확인 피드백

- 학생 출석 및 관리 지원

- 학부모 및 학생 상담 관리

- 강의 교재 연구

- 내신 대비 및 각종 특강 지원

4) 학원 주간 회의

학원에서 주요 일정이나 주중 안건에 대하여 상호 협의하고 진행 상황을 공유하는 학원 주간 회의를 진행하자.

주간 회의는 원장 및 부원장, 강사 파트 전원, 상담 파트가 주요 대상이 되며 주요 안건을 정리하여 발표하고 협의하자.

· **강사 파트 : 각 파트별 주요 안건 및 클래스별 리뷰**
· **상담 파트 : 주간 주요 안건 정리 및 학부모 상담 피드백**
· **원장 및 부원장 : 전체 피드백 및 관리 지원**

마. 보강 매뉴얼 기획

학원이 운영되면서 학생들에게 가장 중요한 부분은 수업을 못 따라가는 학생을 어떻게 지원해 주는가이다.

중소형 학원이든 대형 학원이든 관계없이 각 반 구성이 10명이라면 약 1 ~ 2명은 학원 강의에 잘 따라오지 못하는 학생이 발생하게 된다.

보강이 필요한 학생이 생길 때마다 보강을 하는 것보다 보강 매뉴얼을 만들어서 수업 후 자연스럽게 남아서 공부하게 하는 시스템화를 만들어야 한다.

보강 업무 프로세스

- 보강 학생 대상 강사 확인
- 보강 학생 명단 상담 파트 전달
- 보강 학생 보강실 보강할 내용 학습
- 보강 학생 상담 파트 보강 학습 결과 확인
- 상담 파트 차량 기사 학생 전달
- 학생 안전하게 귀가 및 학부모 문자 전달

바. 여름방학 및 겨울방학 특강 계획

신규 학원이 오픈 시기는 대부분 학기가 시작되는 3월, 9월이며 학원에 따라 3월, 6월, 9월, 12월로 나누어 시기에 맞춰서 개강하는 학원도 있다.

학원이 오픈되면 커리큘럼 강의뿐만 아니라 다양한 특강 프로그램을 기획해야 한다.

기본적으로 학원의 경우 여름방학 특강과 겨울방학 특강 프로그램을 기획해서 사전에 학부모와 학생들에게 광고하고 모집을 진행해야 한다.

여름 및 겨울방학 특강 프로그램 계획

- 일정과 대상을 정한다.
- 특강 프로그램을 기획한다.
- 특강 관련 광고를 진행한다.
- 광고는 원내 플래카드, 차량 플래카드, 원내 학생/학부모 광고, 학생 추천 광고 등을 진행한다.
- 특강을 진행하고 마무리 피드백한다.

영어학원의 경우 여름/겨울방학 특강 프로그램 예시를 참조하자.

- 파닉스 기초반
- 영어 문법 한 달 완성반(초등)

- 영어 문법 한 달 완성반(중등)

- 영어 회화 한 달 완성반(중등)

- 외국인 회화반

1. 학원/교습소 오픈에 따른 개원 점검을 하였는가?

2. 신규 학부모 입학 설명회 및 학생 모집 이벤트를 진행하는가?

3. 업무 분장 정립 및 주간 회의를 하는가?

4. 학원 보강 매뉴얼을 기획하였는가?

5. 여름방학 특강 및 겨울방학 특강을 계획하였는가?

07

학원/교습소 사업 안정화 단계

학원/교습소 사업 확장 단계에서는 학원이 오픈 6개월 후부터 학원 사업이 어느 정도 궤도에 올라서는 단계를 의미한다.

학원의 개원 후 1 ~ 3개월이 가장 바쁜 시기이다. 개원 후 1개월에서 3개월에 가장 많은 신규 학생들이 등록하게 된다.

학원/교습소가 6개월 정도 운영하면 학원 내부에 직원과 강사, 원장 사이에 신뢰 관계가 형성되는 것뿐만 아니라 학원에 대한 충성고객이 형성되는 시기이다.

학원/교습소 사업 안정화 단계에서는 학생들의 수업에 내실화가 되어야 하고 모든 강사들 간의 수업이 어느 정도 표준화되어야 한다.
학원에 문제가 발생하기 전에 Before Service 해야 하고 주기적으로 내부 직원들이 화합할 수 있도록 해야 한다.

가. 수업의 내실화를 지켜라

나. Before Service를 실시하자

다. 내부 조직을 활성화하자

라. Tipping Point를 발견하고 발전시켜라

마. 깨진 유리창의 법칙을 조심하라

가. 수업의 내실화를 지켜라

학원 개원 후 수업이 진행되면서 가장 중요한 것은 수업의 내실화이다. 학생이 각 레벨에 맞는 클래스에 배정이 되고 수업을 진행하게 된다.

강사는 자신이 맡은 반에 대하여 책임을 가지고 수업에 집중하고 학생들을 챙겨주고 지원해 주고 관리해야 한다.

학원의 수업이 내실화되지 않는다면 아무리 신규 학생이 많이 등록한다 하더라도 어느 순간 그만큼의 퇴원 생이 생겨날 것이다.

학원은 처음부터 끝까지 수업의 내실화에 초점을 맞추어야 한다.

나. Before Service를 실시하자

학원을 운영해 보면 대부분이 사후에 발생한 사고와 사건들을 정리한다고 바쁘다.

학원에서 가장 중요한 것은 After Service가 아니라 Before Service이다.

내부 고객인 직원들이 무엇을 원하는지, 강사의 어려움은 무엇인지, 차량관리에 있어서 어려움은 무엇인지를 사전에 파악해서 Before

Service로 해결해 주어야 한다.

학원의 외부 고객인 학생이 공부하는데 어떤 부분에 문제가 있는 것인지, 가정에 환경은 어떤지, 학부모님의 요구사항은 무엇인지, 교실에서 친구와의 사이는 괜찮은지 사전에 파악해서 Before Service로 해야 한다는 것이다.

문제를 사전에 파악해서 해결하지 않으면 그것은 깨진 유리창이 되어 어느 순간 학원을 망가지게 하는 큰 요인이 될지도 모른다.

다. 내부 조직을 활성화하자

학원은 내부조직이 관리 파트, 상담 파트, 강사 파트, 차량 파트 등이 조화롭게 소통하면서 유기적으로 운영되는 유기체적인 조직이다.

학원을 운영하면 학원 개원 후 내부 직원 간의 화합이 얼마나 중요한지를 깨닫게 된다. 관리 파트, 강사 파트, 상담 파트, 차량 파트의 모든 직원들이 한마음으로 서로 잘 소통하면서 운영이 되어야 한다.

상담 파트에서 상담한 부분이 강사 파트로 유기적으로 전달되고 소통되어야 하고 강사 파트에서 학생관리 부분에서 있었던 일이 상담 파트, 관리 파트와 유기적으로 잘 소통되어야 한다.

학원의 내부 소통이 원활하지 않으면 강사 파트에서 일어난 일을 상담 파트에서 알지 못하고 상담 파트에서 상담한 내용이 강사 파트에서 인지하지 못해서 결국 큰 문제가 발생할 수 있다.

내부 직원들이 상호 잘 소통할 수 있도록 정기적으로 화합할 수 있는 자리를 만들어서 서로 잘 Communication이 되도록 해야 한다.

라. Tipping Point를 발견하고 발전시켜라

학원이 오픈하고 6개월 정도 지나면 성장하는 학원의 경우 왜 성장하는지 알게 되고 성장하지 못하는 경우 성장이 왜 안 되는지 알게 된다.

학원을 운영하면 학생을 잘 관리하고 가르치며 학부모 상담도 잘하는 강사를 발견하게 된다. 상담 파트에서 직원이 신규 학부모 상담을 잘해서 신규 등록으로 잘 이어지게 하는 것을 발견하게 된다.

차량 파트에서 차량 기사가 등원 차량과 하원 차량에서 학생들에게 환한 웃음으로 맞이하고 학원 차량에서 탑승하고 있는 동안에도 학생들에게 좋은 음악을 틀어주거나 맛난 사탕을 주어 좋은 분위기를 만드는 것을 발견하게 된다.

학원의 재원생 중에 학원의 커리큘럼과 선생님의 강의에 만족한 학부모님이 다른 친구들을 많이 소개해 줄 수도 있다.
학원을 발전적으로 성장시키는 여러 가지 긍정적인 부분을 학원 운영의 Tipping Point라고 한다. 학원의 긍정적인 Tipping Point를 잘 관리하고 지원함으로 학원은 한 단계 더 성장할 수 있는 계기를 만들 수 있다.

마. 깨진 유리창의 법칙을 조심하라

학원 안정화 단계에서는 내부적으로 소통의 부재, 관리의 부재, 차량이 문제 등 작은 문제 하나가 잘못해서 큰 문제가 되는 것을 많이 발견하게 된다.

학원이 성장하면서 직원들 간의 이기적인 문제와 강사들 간의 시기하고 문제가 발생하는 부분, 강사들 간의 다툼, 등/하원 시 차량에서 학생관리에서 문제가 발생하는 등 다양한 문제가 발생할 수 있다.

학원이 오픈하고 6개월 정도 지나면서 학원이 성장하게 되면 다양하고 사소한 문제가 발생할 가능성이 있다.

학원 내부의 작은 문제가 큰 문제로 발전되지 않게 하려면 항상 원장과 부원장 등 관리 파트 직원들은 학원의 매일의 상황에 주시해야 하고 깨어 있어야 한다.

학원의 성장 단계에서는 작은 문제로 인해 학원이 문을 닫게 되는 상황까지도 발생 가능하다는 것을 인지하고 조심해야 한다.

1. 학원/교습소에 수업 내실화는 잘 지켜지고 있는가?

2. 학원/교습소에 Before Service가 잘 되고 있는가?

3. 학원/교습소 내부 조직이 활성화되어 있는가?

4. 학원/교습소 Tipping Point를 발견하고 발전시키고 있는가?

5. 학원/교습소 깨진 유리창의 법칙에 해당하는 부분은 없는가?

08

학원/교습소 사업 확장 단계

08 학원/교습소 사업 확장 단계

학원/교습소 사업 확장 단계에서는 학원이 오픈 후에 학원 사업이 안정화되면서 학원이 확장될 시기가 오면 어떻게 확장해야 할지 계획해야 한다.

학원이 성장해 나가면서 관리를 시스템화하고 표준화해야 하며 중/대형 학원으로 성장하기 위해 발판을 마련해야 한다.

더 큰 성장을 위해 건물을 확장하거나 다른 지역에 추가로 신규 분원을 확장하는 전략을 기획해야 한다.

가. 관리 시스템화 및 표준화 전략

나. 중/대형 학원으로 성장 전략 기획

다. 신규 추가 분원 확장 전략 기획

학원/교습소 사업 확장 단계에서는 학원이 개원하고 학생 수가 최소 150명 정도가 되었을 때 확장에 대하여 고민을 시작해야 한다.

처음 오픈하는 학원은 크기에 따라 학원이 어느 정도까지 학생을 받을 수 있는지를 기획해야 한다.

초등학생 수와 중학생 수가 신규로 등록하는 수치를 고려하여 학원의 규모에 따라서 확장을 검토해야 한다.

학원의 확장은 공격적인 검토에서 출발하는 것보다 보수적인 관점에서 출발해야 한다.

학원을 하나 더 오픈하는 것은 학원 1개를 더하는 것과 비슷함으로 투자, 매출, 학생, 강사 계획, 차량 계획 등 모든 사업 계획을 다시 검토해야 한다는 것이다.

또한, 신규로 개원한 학원의 성장이 사업 계획에 미치지 못하는 경우 본점 학원에서 나오는 수익을 그대로 신규 분원에 100% 투자해도 감당하지 못할 경우가 많이 발생한다.

신규 분원 확장은 보수적인 관점에서 출발해서 사업 계획을 세우고 다방 면에서 검토하고 추진해야 한다.

가. 관리 시스템화 및 표준화 전략

학원이 성장하면서 관리 파트, 상담 파트, 강사 파트, 차량 파트 등이 시스템화 되고 표준화가 필요한 시기가 올 것이다.

소형 학원이나 교습소의 경우는 관리의 시스템화나 표준화가 아주 중요한 요소가 아닐 것이다.

학원이 중형 학원으로 성장하면서 학생들의 규모가 150여 명 정도 되면 학원 원장이 혼자서 모든 것을 챙겨 나간다는 것이 어렵게 될 것이다.

학원이 성장하면서 학원 원장은 권한을 각자 파트의 부원장, 상담실장, 각 파트별 전임강사들에게 위임하고 그들이 책임을 가지고 스스로 결정하고 운영할 수 있도록 해야 한다.

중형 학원이 되면 학원 내부의 업무 프로세스를 정립해야만 한다.

학원 원장이 모든 업무를 총괄해야 하는 시기는 소형 학원일 경우이며 많은 권한 위임을 통해 팀장과 강사들이 더 많은 업무를 할 수 있도록 해야 한다.

사사건건 학원 원장이 지시하거나 아무것도 아닌 일까지 학원 원장이 관리하다 보면 직원들과 강사들과 협업이 어려워지고 학원 운영이 더 어렵게 될 가능성이 커질 것이다.

업무 프로세스 표준화 정립

- 관리 업무 프로세스
- 상담 업무 프로세스
- 초등/중등 커리큘럼
- 학생/학부모 상담 업무 프로세스
- 차량관리 업무 프로세스
- 강사 강의 프로세스

나. 중/대형 학원으로 성장 전략 기획

처음 신규 학원을 오픈하게 되면 3 ~ 6개월 내 Break Even Point 를 넘어서는 매출이 발생해야 한다. 신규 학원이 오픈되어서 6개월 이내에 BEP(Break Even Point)를 넘지 못한다면 학원 경영에 심각한 타격을 받게 될 것이다.

신규 학원을 오픈할 경우 최소 여유 운영자금을 6개월 정도 가지고 개원하는 것이 일반적이다.

신규 학원이 오픈해서 6개월까지 BEP를 넘지 못한다면 여유 운영자금이 소진될 가능성이 크기 때문에 학원 운영에 엄청난 문제가 발생할 수 있다.

신규 학원을 개원하기 전에 신규 학원 사업 기획서를 만들어서 매월 학생 수, 강사 수, 직원 수에 따른 매출과 비용을 기획하고 전략적으로 운영해야 한다.

신규 오픈 학원 성장 전략을 기획하라.

참고 : 학원/교습 사업 시장 조사 단계의 1차 학원 사업 계획서 작성을 참고하면 된다.

1) 신규 학원 반드시 사업 계획을 기획하라.

신규 학원을 오픈하기 전에 반드시 사업 계획을 기획해야 한다.

신규 학원 오픈에 대하여 전체적인 구상을 해야 한다.

사업 계획이 없는 학원 오픈은 도화지 없는 그림이나 마찬가지이다.

사업 계획을 작성할 시 고려사항을 참고하자.

1. 투자자금이 어느 정도인지 고려하자.
2. 어떤 종류의 학원/교습소를 할 것인지 결정하자.
3. 어느 지역에서 학원/교습소를 할 것인지 결정하자.
4. 시장 조사를 실시하자.
5. 학원 물건을 조사하고 계약하자.
6. 몇 명의 강사와 직원으로 시작할 것인지를 결정하자.
7. 마케팅/홍보는 얼마의 자금으로 어떻게 할 것인지를 결정하자.
8. 학원 오픈에 따른 신규 학원 오픈 설명회/신규 학부모 모집 설명회/신규 학생 모집 이벤트는 어떻게 할 것인지를 결정하자.
9. 인테리어를 시행한다.
10. 학원 오픈을 하고 사업을 런칭한다.

2) 어떤 학원을 하고 싶고 어느 정도의 투자금이 가능한가?

신규로 오픈하는 학원을 어떤 종류의 학원을 하고 싶은 지가 가장 중요한 결정사항이 된다.

자신이 어떤 종류의 학원, 예를 들면 단과 수학학원, 단과 영어학원, 고등 전문학원, 영어 프랜차이즈 학원, 수학 프랜차이즈 학원, 교습소 등에 대하여 자신이 어떤 규모의 학원을 할 것인지를 결정지어야 한다.

두 번째로 중요한 부분이 투자자금에 대한 부분이다.

자신이 수학 프랜차이즈 대형 학원 브랜드를 하고 싶다고 해도 투자자금이 부족하다면 대형 프랜차이즈 학원을 운영하지 못할 것이다.

대형 프랜차이즈 학원의 경우 가맹비가 1억 ~ 10억까지 엄청난 가맹비를 지급하고 브랜드를 받는 경우도 있다.

3) 사업 계획과 실적에 따른 GAP, 확장 전략을 수립하라.

학원 오픈 후 사업 계획에 따라 학원의 성장하고 있는지 매번 확인하고 검토해야 한다.

학원 사업 계획에 맞춰서 가지 못할 경우 GAP 분석 및 어떻게 하면 GAP을 맞춰서 나갈 것인지 계획해야 한다.

학원을 오픈하면 매일매일 최선을 다해야 하고 어떤 일이 발생할지 모르는 부분이 많다. 학원을 오픈한 후에는 최대한 학원 내실화가 되어야 한다. 학원 내부 강의와 상담이 진행이 안 된다면 신규 학생이 등록한다 하더라도 금방 퇴원하게 될 것이다.

학원 사업을 오픈하게 되면 사업 계획과 실제 학생 수의 유입과 내부 수업, 학생관리, 상담 관리, 차량관리 등의 현황을 매일 분석하면서 향후 방향성을 기획해야 한다.

표13. 학원 오픈에 따른 GAP 분석 및 전략 예시

구분	1M	2M	3M
학생 계획	50명	65명	80명
초등	30명	40명	50명
중등	20명	25명	30명
실제 학생 수			
초등	20명	25명	30명
GAP	-10명	-15명	-20명
GAP을 회복할 수 있는 전략	오픈 초기 마케팅 내/외부 마케팅 행사 전단/직투 행사 내부 마케팅 행사 신규이벤트행사 신규학부모설명회 친구초대이벤트		오픈 3개월 학원 내실화를 통해서 신규 학생유입을 활성화해야 함.
	오픈 초기에는 학원 브랜드 인지도를 높이는 방향으로 광고를 꾸준히 진행해야 한다.		오픈 후 3개월부터는 외부 광고보다는 내부 학습 효과를 더욱 집중해야 한다.

표14. 학원 오픈에 따른 GAP 분석 및 전략 예시

구분	1M	2M	3M	4M	5M	6M
학생 수	50명	65명	80명	100명	115명	120명
초등	30명	40명	50명	60명	70명	80명
중등	20명	25명	30명	40명	45명	50명
매출						
초등						
중등						
비용						
고정비						
변동비						
수익						

표15. 교습소 성장 전략 예시

구분	개월 수			
	1 ~ 3개월	4 ~ 6개월	7 ~ 9개월	10 ~ 12개월
학생 수	30명	40명	50명	
매출 계획	20명	25명	30명	
분원 확장 계획	-	-	확장 사업 고려	학원 확장 사업 계획

표16. 중소형 학원 성장 전략 예시

구분	개월 수			
	1 ~ 3개월	4 ~ 6개월	7 ~ 9개월	10 ~ 12개월
학생 수	50명	100명	120명	150명
매출 계획				
분원 학장 계획	-	-	분원 확장 사업 계획	초등전문관 중등전문관

표17. 중대형 프랜차이즈 브랜드 분원 확장 전략 예시

구분	개월 수			
	1 ~ 3개월	4 ~ 6개월	7 ~ 9개월	10 ~ 12개월
학생 수	60 ~ 70명	120명	150명	170명
매출 계획				
분원 확장 계획	-	-	분원 확장 사업 계획	초등전문관 중등전문관

다. 신규 추가 분원 확장 전략 기획

학원 오픈으로 학생들이 실제 교실 수에 85% 이상 채워질 때가 되면 학원 원장은 학원을 추가로 더 확장할 것인지 아니면 신규로 분원을 확장할 것인지를 기획해야 한다.

학원에서 학생들이 많이 늘어나서 기존의 학원에서 수업할 수 없으면 학원 확장에 대한 부분을 고려해야 한다.

1) 학원의 같은 건물에서 확장하는 전략

학원을 확장하는 전략에서 가장 최우선시하는 전략은 기존 학원의 같은 건물에서 확장하는 전략이다.

기존 학원의 건물에서 확장 가능한 층이 있거나 옆에 다른 여유 공간이 있는 경우에 가능한 전략이다.

기존 학원의 같은 건물에서 확장하는 전략이 투자 측면에서나 기존 학생들이 움직이는 동선에서나 가장 최우선시되는 전략이다.

첫째로 기존 학원의 건물 같은 층에 여유 공간이 있다면 그 여유 공간까지 확장해 나가면 된다.

둘째로 기존 학원이 건물의 3층에서 신규로 2층을 확장할 경우에는

2층을 초등 전문관, 3층을 중등 전문관으로 확장해서 사용하는 것이 가장 바람직하다.

2) 신규 분원을 확장하는 전략

기존 학원을 운영하면서 기존 학원이 잘 운영되어 다른 지역에 신규로 분원을 추가로 확장하는 것을 신규 분원을 통한 확장 전략이다.

신규 분원을 추가로 확장하는 것은 학원을 하나 개원하는 것과 같다. 추가 신규 분원이 아무리 근거리에 오픈한다 하더라도 투자자금과 학원 개원에 따른 마케팅, 홍보, 강사, 직원에 대한 부담은 거의 같다고 생각해야 한다.

기존 학원에서 추가로 신규 분원을 오픈할 경우 활용할 수 있는 자원은,

- 강사 파트에서 전임강사들이 신규 추가 분원으로 나갈 수 있고
- 상담 파트에서 상담실장이 신규 추가 분원으로 나갈 수 있고
- 차량 파트에서 차량을 지원할 수 있을 것이다.
- 기본 학원이 가지고 있는 브랜드 로열티나 학원 로열티를 그대로 가지고 갈 수 있는 전략을 기획하는 것이 가장 우선시 되어야 한다.

⇒ 신규 추가 분원에 대한 부분은 새로운 학원을 오픈하는 같은 과정을 거쳐야 한다.

투자자금을 기획하고 사업 계획을 하고 시장 조사하고 물권을 조사하고 계약하고 인테리어를 진행하고 인/허가를 받고 마케팅/홍보를 하고 학부모 설명회/이벤트를 진행하고 오픈해야 한다.

1. 학원/교습소 성장은 잘 되어가고 있는가?

2. 학원/교습소 중/대형 학원으로 성장 가능한가?

3. 학원/교습소 추가 신규 학원을 오픈 가능한가?

09

학원/교습소 사업 마케팅 전략

09 학원/교습소 사업 마케팅 전략

학원/교습소에서 활용할 수 있는 마케팅/홍보 전략을 정리해 보자. 자신의 재무적/관리적 상황에 맞추어서 마케팅/홍보 전략을 기획해서 시행하면 좋을 것이다.

가. 전단지/TV 광고 전략

나. 현수막(학원/차량/게시판) 광고 전략

다. 직접 광고(직투) 전략

라. 학원/교습소 입소문 전략

마. 학원 시즌별 행사 전략

바. 신규 학부모 입학 설명회 전략

사. 신규 학생 모집 이벤트 전략

아. 입시 전략 설명회 매뉴얼

자. 친구 추천 이벤트 전략

차. SNS 채널 마케팅 전략

가. 전단지/TV 광고 전략

학원 전단지/TV 광고 전략은 신규 학원 오픈에 있어서 불특정 다수 고객에게 광고할 수 있는 가장 효과적인 방법이다.

TV 광고는 지역 할인점/대형마트 내에 있는 모니터 광고를 진행하거나 지역 내 케이블 TV를 대상으로 광고를 진행할 수 있다.

학원 전단지 광고의 경우 전단 광고를 제작해 DM으로 발송을 하거나 신문사에 맡겨서 신문과 함께 배달하도록 하는 것이다.

전단지 및 TV 광고의 장점

- 불특정 다수 고객을 대상으로 집중적으로 광고를 할 수 있다.
- 기간을 설정하고 광고를 진행할 수 있다.

전단지 및 TV 광고의 단점

- 광고비 집행 금액이 높다.
- 높은 금액 대비 효과 측정이 어렵다.

나. 현수막(학원/차량/게시판) 광고 전략

학원 현수막(학원 내/외부, 차량, 게시판) 광고 전략은 필요와 시기에 따라 지역별, 구역별로 나누어서 가능한 광고/홍보 전략이다.

학원 현수막(학원 내/외부, 차량, 게시판) 광고 전략은 학원에서 가장 쉽고 효과적으로 진행할 수 있는 광고이다.

학원 내/외부 현수막 광고

- 특정 시기별 학원 재원생/외부생에 광고 가능
- 학습 성과 등 광고 홍보 가능
- 다양한 학원 관련 광고 홍보 가능

차량 현수막 광고

- 움직이는 광고 홍보 수단
- 시기별로 광고 홍보 가능
- 저렴하며 광고 홍보 효과 좋음

게시판 현수막 광고(외부 게시판/아파트 내 게시판)

- 적은 광고비로 학원 광고 홍보 가능
- 해당 지역 또는 아파트를 대상을 광고 홍보
- 시기별 광고 홍보 가능

다. 직접 광고(직투) 전략

직접 광고(직투) 광고는 학원 직원, 강사, 원장이 직접 학교 앞에 나가서 노트나 볼펜 등을 학생들에게 나누어 주면서 광고하는 것을 의미한다. 직투 광고는 기존 학원 및 신규 학원 모두에게 좋은 광고 전략이다.

신규 학원에게 신규 학생 한 명을 등록하게 하는 것은 엄청난 일이다. 학원에 신규 학생이 올 때까지 가만히 앉아서 기다릴 것인가, 아니면 학생과 학부모를 직접 상담하러 나갈 것이냐는 신규 학원의 초기사업의 성패가 걸려 있다고 해도 과언이 아니다.

불특정 다수를 대상으로 하는 전단 광고지와 비교해 보자.

전단 광고지는 비용이 비싸며 광고 효과에도 의문이 많다. 하지만 직접 광고는 학원이 대상으로 하는 초등학교, 중학교, 고등학교 앞에 나가서 직접 광고하는 것이다. 비용도 저렴하며 해당하는 대상들에게 효과적으로 광고하는 방법이다.

1) 소형 학원/교습소의 경우

소형 학원 또는 교습소의 경우 학원 원장이 직접 나가야 한다. 학원 원장이 혼자 나가게 되는 경우 함께 할 수 있는 사람과 같이 나가는 것이 더 좋다.

광고지와 선물 등을 준비해서 나가야 해서 학교 앞이나 아파트 앞에서 학원 원장 혼자 판촉 상담 행사를 진행하는 것보다 훨씬 더 체계적으로 보일 수 있다.

2) 중형 학원의 경우

중형 학원이 경우 대부분 직원과 강사, 원장이 모두 나가는 경우이다.

직원과 강사, 원장을 몇 개의 팀으로 나눈다. 대상이 되는 초등학교, 중학교를 나누어서 광고 전단과 선물을 박스에 포장해 팀별로 학교 등교 시간에 직접 광고를 실시한다.

재원 생이 조금이라도 있을 경우 재 원생에게 좋은 힘이 될 수도 있다. 지원생들과 인사하고 또는 퇴원 생들과도 안부를 물으면서 재등록을 이끌어 낼 수 있는 좋은 방법이다.

3) 등교 시간에 직투 방법

아침 등교 시간에 직투하는 경우 사전에 준비를 철저하게 하고 직투를 나가야 한다. 학교 앞 등교 시간 이전에 하는 것임으로 잘못하면 학교 앞에서 쫓겨나기도 한다.

하루에 한 학교 또는 2 ~ 3개 학교 등 대상과 일정을 나누어서 진행하면 된다. 아침 등교 시간 직투의 경우 간단한 소개 멘트와 선물, 안내지를 주는 것으로 끝나게 된다.

4) 하교 시간 직투 방법

학생들 하교 시간에 맞추어서 직투를 진행하는 경우에는 원장이 직접 나갈 수는 없다. 대부분 강사들은 수업이 있어서 못 나가고 직원을 통해서 진행을 하거나 대행사에 맡겨서 진행하는 경우도 있다.

5) 주말 아파트 및 상가 직투 방법

주말(토요일, 일요일)에 아파트 및 상가에 직접 방문해서 직투를 하는 방법이다. 주말에 직원과 강사를 데리고 나가는 경우 사전에 협의를 해야만 한다.

주말 아파트 및 상가에 방문해서 직접 광고도 하고 안내문도 드리고 시장 조사도 되고 가장 좋은 방법 중의 하나이다.

원장이 직접 직투를 나가는 경우 가가호호 방문을 통해서 상담하고 학원에 대한 평판 등을 알아볼 수도 있다.

라. 학원/교습소 입소문 전략

학원/교습소를 운영하면서 가장 좋은 마케팅 방법이 입소문 전략이라는 것을 알게 될 것이다.

입소문 전략은 학원/교습소에 재원한 학생/학부모가 학원의 커리큘럼과 관리, 강의, 선생님, 원장 등에 대하여 만족을 하고 다른 학생/학부모에게 자신이 다니고 있는 학원에 대하여 좋은 점을 알려 주는 것을 의미한다.

1) 내부 고객 만족을 통한 입소문 전략

내부 고객 만족을 통해서 입소문 전략 광고 홍보가 가능하다. 학원의 가장 큰 고객은 학생과 학부모이다. 학생과 학부모는 학원의 외부의 고객이다.

학원 내부 고객은 직원과 강사, 차량 기사이다.

직원과 강사, 차량 기사가 학원에 만족을 하지 않는다면 그 직원과 강사, 차량 기사는 외부에 나가서 자신의 학원에 대하여 불만과 부정적인 말을 할 것이다.

직원과 강사가 만족하지 않는다면 절대 자신의 친인척과 지인에게 학원을 소개해주지 않을 것이다. 무엇보다도 먼저 내부 고객을 먼저 만족시켜야 한다.

내부 고객이 만족한다면 직원과 강사, 차량 기사는 자신의 친인척과 지인을 먼저 소개해주고 친구들에게 소개할 것이다.

내부 고객 만족을 통해서 입소문 전략을 확대해 나가자.

- 내부 교직원(직원, 강사, 차량 기사)을 먼저 만족시키자.
- 내부 고객의 지인이 등록하면 할인을 특별하게 해주자.
- 내부 고객이 지인을 추천하는 기간을 만들어서 하자.

2) 외부 고객 만족을 통한 입소문 전략

외부 고개(학생, 학부모)를 만족하게 해서 학원에 대하여 다른 사람들에게 학원에 대하여 좋은 점을 전파하게 하는 전략을 의미한다.

가) 학생 만족을 통해 친구 소개 이벤트로 연계하자.

· 커리큘럼을 통한 학생 만족

초등 저학년 대상으로 재미있고 신나는 재미있는 학습을 통해서 학생을 만족시킬 수 있다. 초등 고학년까지 재미있고 신나는 개념을 연계하면 잘못하면 공부는 안 하고 노는 학원으로 이미지가 될 수 있다.

· 강사와 학생의 유대관계를 통한 만족

학교생활에서 선생님과 학생이 유대관계가 좋으면 학생이 선생님을 잘 따라가는 것을 알 수 있다. 학원에서 학원 강사와 학생이 유대관계가 좋아지면 학생의 만족도가 높아지고 학원에 대한 신뢰도가 높아진다.

나) 학부모 만족을 통한 입소문 전략

· 학생 만족도 제도를 통한 학부모 입소문 전략

학부모는 자신의 자녀가 학원에 만족하면 다른 친구들에게 얘기하는 경향이 있다. 자녀의 성적이 좋아지는 것과 자녀가 학원에 만족하는 부분이다. 학원에 다니는 궁극적인 목표가 성적과 관련이 있다. 자녀의 성적이 좋아지면 어떤 학부모도 자신의 지인들에게 얘기하게 될 것이다.

· 학부모회를 통한 입소문 전략

학원에 우호적인 학부모회 결성을 통해 주기적인 미팅을 통해서 교육에 대한 정보를 제공하고 수강료 혜택 등 다양한 혜택을 제공한다. 학부모회를 통해 등록한 지인 추천 등 특별한 수강 혜택을 제공한다.

마. 학원 시즌별 행사 전략

학원은 대상별로 초등학교, 중학교, 고등학교 대상 학원으로 구분된다. 대부분은 초등학교만 하는 학원은 거의 없다. 초중등 또는 중/고등 학원으로 구분된다.

학원별 시즌 행사는 대부분 초등학생을 대상으로 진행한다.

1) 어린이날 이벤트 행사

학원에서 5월 5일 어린이날을 기념하여 학원 재원생과 재원생 친구를 초대해서 재미있고 신나는 어린이날 이벤트를 진행한다.

어린이날 행사의 경우 학원 재원생과 재원생의 친구를 초대해서 다양하고 재미있는 이벤트 행사를 진행하면 된다.

2) 어버이날 이벤트 행사

어버이날 이벤트 행사는 어버이날을 맞이해서 부모님에게 편지를 쓰거나 간단하게 카드를 만드는 것으로 진행할 수 있다. 어버이날 이벤트 행사를 통해서 부모님의 소중함을 학생들에게 알게 하고 어버이날 학원에서 부모님에게 감사 편지를 쓰게 함으로 부모님들에게 감동을 전해 줄 수 있다.

3) 할로윈 이벤트 행사

10월 31일 할로윈 데이를 맞이해서 학원에서 할로윈 데이 이벤트 행사를 진행하는 것이다.

- 학원 내부에 할로윈 데코레이션을 한다.
- 재원생과 재원생 친구 초대를 한다(초대장 배부).
- 할로윈 관련 재미있고 신나는 게임과 이벤트 행사를 진행한다.
- 할로윈 행사 종료 후 안전하게 귀가한다(학부모에게 귀가 문자 발송).

4) 크리스마스 이벤트 행사

학원에서 12월 25일 크리스마스날을 기념하여 크리스마스 이벤트 행사를 진행하는 것이다. 크리스마스 이벤트의 경우 종교적인 부분에 민감한 학부모들이 있는 경우 원내에서 간략히 하는 것도 괜찮다.

- 학원 내부에 크리스마스 데코레이션을 한다.
- 재원생과 재원생 친구 초대를 한다(초대장 배부).
- 크리스마스 관련 재미있고 신나는 게임과 이벤트 행사한다.
- 크리스마스 이벤트 행사 종료 후 안전하게 귀가한다.

바. 신규 학부모 입학 설명회 전략

학원을 오픈하게 되면 학원에 대하여 설명할 수 있는 학원 입학 설명회를 개최해야 한다. 신규 학원 입학 설명회를 통해서 학원 및 커리큘럼에 대하여 설명을 할 수 있게 된다.

1) 신규 학부모 입학 설명회 개최 기획

학부모 입학 설명회는 학부모와 학생을 대상으로 학원에 대하여 브랜드, 커리큘럼을 설명하고 학생들에게 레벨 테스트를 통하여 상담 및 반 배정을 하고 등록까지 이어지게 하는 방법이다.

2) 신규 학부모 입학 설명회 개최 프로세스

가) 학부모 입학 설명회 일정을 선택한다.

나) 학부모 입학 설명회 연사를 결정하고 계약한다.

다) 학부모 입학 설명회 자료집을 준비한다.

- 학부모 입학 설명회 관련 주제 선정
- 최신 교육 정보
- 학원 교육 프로그램
- 학원 홍보 안내문

라) 전단지 및 리플릿 광고를 진행한다.

마) 학부모 입학 설명회에 필요한 음료수 등을 준비한다.

- 학부모 방명록
- 음료수 및 자료 준비
- 필기도구
- 장소 안내
- 설명회 선물 및 등록 안내문

바) 학부모 입학 설명회를 진행한다.

- 학부모 입학 설명회 진행 후 소감을 받는다.

사. 신규 학생 모집 이벤트 전략

학원을 오픈하게 되면 학원에 대하여 설명할 수 있는 신규 입학 설명회를 개최해야 한다. 신규 학원 입학 설명회를 통해서 학원 및 커리큘럼에 대하여 설명을 할 수 있게 된다.

1) 신규 입학 설명회 개최 기획

신규 입학 설명회는 학부모와 학생을 대상으로 학원에 대하여 브랜드, 커리큘럼을 설명하고 학생들에게 레벨 테스트를 통하여 상담 및 반 배정을 하고 등록까지 이어지게 하는 방법이다.

2) 신규 입학 설명회 개최 프로세스

가) 신규 입학 설명회 일정을 선택한다.

나) 신규 입학 설명회 연사를 결정하고 계약한다.

- 신규 입학 설명회 자료집을 준비한다.
- 학원 입학 설명회 관련 주제
- 최신 교육 정보
- 학원 교육 프로그램/학원 홍보 안내문

다) 전단지 및 리플릿 광고를 진행한다.

라) 신규 입학 설명회에 필요한 음료수 등을 준비한다.

- 학부모 방명록

- 음료수 및 자료 준비

- 필기도구

- 장소 안내

- 설명회 선물

마) 신규 입학 설명회를 진행한다.

- 신규 입학 설명회 진행 후 소감을 받는다.

아. 입시 전략 설명회 매뉴얼

입시 전략 설명회는 학원에서 학부모들에게 제공할 수 있는 최선의 교육 정보를 통해 기존 학원과 차별화 전략을 추진할 수 있다.

교육 입시 관련 트렌드를 원장과 부원장이 공부하고 숙지하여야 한다.

주요 입시 관련 정보는

- 대졸 취업 현황 트렌드
- 대입 수시/정시 현황
- SKY대학 수시/정시 현황
- 입시 트렌드 관련 정보
- 자사고, 외고 등 특목고 입시 현황
- 교육부 제시하는 연간 교육정책 등이다.

1) 입시 전략 설명회 프로세스

가) 입시 전략 설명회 대상과 일정을 정한다.

나) 입시 전략 설명회 연사를 섭외하고 계약한다.

다) 입시 전략 설명회 자료집을 준비한다.

- 입시 전략 설명회 내용
- 최근 입시 정보

- 특목고 입시 관련 정보

- 학원 커리큘럼 및 관련 정보

- 기타 안내문

라) 홍보 및 마케팅을 진행한다.

- 학원 내/외 플래카드 광고, 차량 플래카드, 문자, 초대장 등

마) 입시 전략 설명회 필요한 준비물을 준비한다.

- 학부모 방명록

- 음료수 및 필기도구

- 학부모 자료 최종 점검

- 장소 안내장

- 설명회 선물 및 학원 등록 안내문

바) 입시 전략 설명회 진행한다.

- 입시 전략 설명회가 끝나고 피드백을 받는다.

자. 친구 추천 이벤트 전략

친구 추천 이벤트 전략은 기존 학원에서 사용하는 가장 효과적인 이벤트 중의 하나이다.

친구 추천 이벤트는 학원에 재원하는 재원생이 자신의 친구를 학원에 소개해주는 마케팅이다.

친구 추천 이벤트를 두 가지 종류로 진행해 보자.

1) 재원생이 친구를 소개하고 등록하는 경우

학원의 재원 학생과 학부모가 친구인 학생과 학부모를 소개해서 등록하는 경우 재원생은 입소문 마케팅의 시발점이 될 것이다. 재원생의 학부모는 대부분 학원에 만족하고 있는 경우가 대부분이므로 다른 친구들을 소개해 줄 수 있는 방향으로 진행하고 입소문 마케팅의 기본이 되게 하자.

학원이 재원생이 다른 학생을 소개할 경우 특별한 혜택 수강료 할인이나 교재 할인 들 다양한 프로모션 혜택을 줄 수 있도록 강구해야만 한다.

2) 친구를 초대해서 이벤트를 진행하는 경우

학원에서 기존 재원생과 신규 학생을 동시에 초대해서 이벤트를 하는 프로그램을 기획해서 할 수 있다.

　재원생이 신규 친구를 한 명 이상 초대해서 재미있고 신나는 이벤트에 참가하도록 하는 것이다.

　친구 초대 이벤트를 통해서 재원생과 재원생의 친구가 기존 학원의 프로그램을 함께 체험하거나 재미있고 신나는 이벤트 프로그램을 체험을 통해서 친구가 학원에 등록할 수 있도록 하는 것이다.

가) 재원생이 친구를 반드시 데리고 오게 한다.

나) 재원생이 친구를 데리고 오면 선물을 준다.

다) 재원생이 친구와 함께 재미있는 이벤트 프로그램을 함께 한다.

라) 친구가 학원에 등록하도록 한다.

마) 친구가 학원에 등록하면 재원생에게 친구 소개 할인 프로모션을 제공한다.

바) 친구가 또 다른 친구를 소개하도록 한다.

차. SNS 채널 마케팅 전략

지금은 On-Line의 시대이며 앞으로 미래는 더 온라인에 대한 Needs와 Wants가 더 늘어날 것이다.

홈페이지는 기본이며 블로그, 인스타그램, 페이스북, 유튜브, 트위터 등 모든 SNS 채널을 개설하고 활성화 전략을 활발하게 펼쳐야 한다.

SNS의 종류와 업로드 유형을 정리하면 아래와 같다.

- 블로그 : 글과 이미지, 동영상
- 페이스북 : 글과 이미지, 동영상
- 인스타그램 : 이미지, 글
- 트위터 : 글, 이미지, 동영상
- 유튜브 : 동영상

1) SNS 마케팅 전략을 세우자.

SNS 마케팅은 학부모들에게 유용한 가치를 빠르게 전달할 수 있고 고객들에게 공유할 수 있는 내용, 다양한 콘텐츠를 쉽게 전달할 수 있는 가장 효율적인 방법이다.

SNS 마케팅을 통하여 학원의 이미지 개선이나 인지도를 얻을 수 있으며 입소문 마케팅으로 학부모에서 학부모에게 전달되는 바이럴 마케팅 효과도 기대할 수 있을 것이다.

SNS 마케팅을 활용하여 키워드 분석이나 카테고리 분석을 통하여 어떤 지역의 사람들이 어떤 키워드를 많이 사용하는지까지 분석할 수 있으며 그것을 통하여 1:1 마케팅을 추진할 수도 있다.

다양한 SNS의 특징에 따라 적극적인 학원의 브랜드 및 커리큘럼, 학습 성과에 대하여 지속적으로 마케팅 활동을 해야 할 것이다.

2) 검색 마케팅을 활용하자.

검색 마케팅은 네이버나 다음처럼 검색엔진에서 특정한 단어나 키워드를 검색하였을 때 검색 순위별로 나타나는 것을 의미하고 대부분의 경우 상위에 노출된 우선순위에 따라 클릭할 확률이 높게 나타나게 된다는 것이며 이것을 활용한 것이 검색 마케팅이다.

어떤 지역에 학원을 오픈할 경우 그 지역의 사람들이 교육이나 학원의 키워드를 입력할 경우 제일 우선순위로 우리 학원이 검색된다면 대부분의 잠재 고객들은 우선순위로 나타나는 글에 가장 먼저 클릭을 하고 관심을 보이는 특성이 있기 때문이다.

네이버나 다음, 구글에서 관련된 키워드 "학원", "보습학원", "입시학원", "교습소", "영어학원", "수학학원", "수학교습소", "영어교습소"

등을 검색해보자.

자신이 지역에서 가장 먼저 어떤 학원이 검색되는지 확인해 보고 그 지역에 어떤 SNS 광고를 해야 하는지 검토하고 전략적으로 추진해야 할 것이다.

3) 콘텐츠 마케팅을 활성화하라.

콘텐츠 마케팅은 교육 관련 마케팅에서 핵심이라고 해도 과언이 아닐 것이다.

교육을 통한 커리큘럼, 교육철학, 강의, 강의 내용, 학습 현황, 학습 결과, 학습 성과, 입시 성과 등 모든 것이 교육 콘텐츠를 활용할 수 있을 것이다.

콘텐츠를 활용한 형태는 블로그에 글을 올리거나, 웹페이지를 활용하거나, 동영상에 콘텐츠를 제작해서 업로드를 하거나, E-book을 제작하거나 학원 신문을 제작하여 배포할 수 있을 것이다.

4) 리뷰 SNS 마케팅을 활성화하자

일반인이나 학부모들이 학원을 검색하면 학원에서 올라온 다양한 콘텐츠를 볼 수 있다.

일반인과 학부모들은 학원에서 올라온 콘텐츠보다 재원생 학부모들이 올린 리뷰에 가장 신뢰를 많이 하게 될 것이다.

5) 학부모와 재원생을 통한 SNS 리뷰 마케팅 전략을 기획해 보자.

가) 학원 커리큘럼, 강사 경력, 학원 비전과 교육철학 등을 학부모, 재원생 블로그나 SNS에 홍보/리뷰 이벤트 실시

나) 학원 행사 이벤트 사진을 블로그에 업로드해서 리뷰하는 홍보 이벤트 실시

다) 학부모/재원생이 학원에 좋은 점 5가지 작성 리뷰 홍보 이벤트 실시

라) 학부모/재원생이 어버이날 부모님께 편지를 블로그로 작성하는 이벤트

마) 학부모/재원생이 스승의 날 학원 선생님에게 보내는 편지를 블로그에 작성하게 하는 이벤트 등

다양한 학원 관련 정보나 행사, 편지, 리뷰 이벤트를 통해서 학부모/재원생의 블로그에 홍보하게 함으로 더 긍정적인 온라인 입소문 효과를 가져올 수 있을 것이다.

6) 인플루언서 마케팅을 활용하라.

학원이나 교습소를 오픈하면 대부분 지역에 유명한 사람들이 있다. 우리는 그들을 "돼지엄마"라고 부르거나 SNS에서는 인플루언서라고도 부르기도 한다.

지역의 유명한 블로거나 돼지엄마, SNS 인플루언서들을 통하여 학원을 홍보하고 마케팅하는 것을 인플루언서 마케팅이라고 한다.

이들이 학원의 평가나 학원에 대해 언급을 할 경우 다른 학부모가 학원을 선택하는 것에 큰 영향을 주고 다른 학부모들에게 긍정적, 부정적인 영향을 지속적으로 준다는 것이다.

지역의 학교별 운영위원회나 아파트별 주요 관리 위원회를 초대하여 특별히 자리를 마련하고 그들을 위한 홍보나 마케팅 활동을 꾸준하고 지속해서 하는 것을 의미한다.

7) 이메일 마케팅을 활용하라.

이메일 마케팅은 학부모들에게 1:1로 직접 개인별 맞춤 정보를 제공할 수 있으며 개인별 자녀에 대한 학습 정보, 학습 이력, 학습 상담 정보 등을 제공함으로써 학부모가 학원의 진정한 고객으로 전환시킬 수 있는 가장 효과적인 마케팅 방법의 하나다.

최근에는 너무 많은 광고성 메일로 사전에 학부모들에게 양해를 구하고 스팸처리가 되지 않도록 충분히 공지하고 진행을 하는 것이 바람직할 것이다.

이메일 마케팅은 학원 학부모님들에게만 전달되는 아주 특별한 학원 정보이므로 멤버십 마케팅 전략 중의 하나로서 학원의 멤버에게만 제공되는 특별한 혜택임을 알게 해야 한다.

이메일 마케팅의 성공은 이메일 오픈율과 링크 클릭률에 따라서 크게 달라질 수 있으므로 아무리 많은 이메일을 학부모님들에게 보낸다 하더라도 학부모님들이 스팸처리를 하거나 읽어보지 않는다면 무용지물이 된다는 것을 반드시 알아야 한다.

8) 챗봇 마케팅을 활용하라.

기업체에서 많이 활용하는 방법으로 특정한 사이트에 방문 시 실시간 채팅을 통하여 원하는 질문에 답변을 받고 해결하는 서비스를 제공하는 것을 챗봇 마케팅이라 한다.

챗봇 마케팅의 경우 사이트에 방문하는 고객이 자주 질문하는 리스트를 만든 후 챗봇 시스템을 기반으로 사람이 실시간으로 답변하는 것처럼 유사한 답변을 자동적으로 제공하는 시스템을 의미한다.

최근 인공지능 및 빅데이터의 발달로 챗봇 시스템의 적극적으로 활용하는 기업들이 많이 증가하는 추세이다.

챗봇 시스템은 방문자나 고객이 알고자 하는 질문에 대하여 빠르게 답변을 받을 수 있으며 이를 통해 고객 만족을 이끌어 잠재 고객에서 실질적인 고객으로의 전환을 만들어 낼 수 있는 효과적인 마케팅의 한 방법이다.

9) 광고 마케팅을 활용하라.

광고 마케팅은 제품을 홍보하거나 마케팅 측면에서 다양한 콘텐츠를 네이버, 다음, 구글, 유튜브에 비용을 지불하고 온라인 광고를 진행하는 것을 의미한다.

광고 마케팅은 PPC(Pay-Per-Click) 방식으로 클릭 수에 따라 비례하여 대부분 광고 비용을 지불하고 있으며 가장 많이 활용하는 것 중의 한 부분이 부동산 광고이다.

플랫폼마다 제공하는 방식이 다르며, 유튜브는 추천 동영상 위에 나타나는 영상광고와 아래에 나오는 광고, 건너뛸 수 있는 광고 등의 방식으로 유료 광고를 제공하고 있다.

구글의 경우는 동영상, 쇼핑, 텍스트 등 다양한 방식으로 유료 광고를 제공하고 있으며 텍스트 광고의 경우 검색 시 최상위에 노출되는 방식으로 유료 광고를 제공하고 있다.

페이스북의 경우 사용자가 뉴스피드를 통해 상하롤 내리고 올리거나 하면 유료 콘텐츠가 노출될 수 있게 되고 다양한 방식으로 제공되고 있다.

학원이나 교습소에서 SNS 마케팅은 필수가 되었으며 SNS 마케팅을 얼마나 적극적으로 활용하느냐가 신규 학생모집을 얼마나 많이 할 수 있는지와 직결된다고 해도 과언이 아닐 것이다.

1. 전단지/TV 광고 전략은 적절했는가?

2. 현수막(학원/차량/게시판) 광고 전략은 적절했는가?

3. 직접 광고(직투) 전략은 적절했는가?

4. 학원/교습소 입소문 전략은 적절했는가?

5. 학원 시즌별 행사 전략은 적절했는가?

6. 신규 학부모 입학 설명회 전략은 적절했는가?

7. 신규 학생 모집 이벤트 전략은 적절했는가?

8. 입시 전략 설명회 매뉴얼은 적절했는가?

9. 친구 추천 이벤트 전략은 적절했는가?

10. SNS 채널 마케팅 전략은 적절했는가?

10

학원/교습소 1등 경영 전략

10 학원/교습소 1등 경영 전략

학원/교습소의 1등 경영 성공 전략을 소개한다.

가. 학원 운영시스템을 구축하라

나. 감동이 있는 학원을 만들어라

다. 학원의 조직을 유기적으로 활성화하라

라. 최상위 이미지를 구축하라

마. SNS(홈페이지/블로그 등)를 활발히 운영하라

바. 학원만의 차별화 전략을 만들어라

사. 학원의 비전을 수립하고 전문화하라

아. 내신 성적 및 외부 입시, 특목고 입시 결과를 만들어라

자. 최고의 학원을 벤치마킹하라

차. 시기별 전략에 집중하라

가. 학원 운영시스템을 구축하라

학원을 개원하면 누구나 학원이 잘되는 것을 바랄 것이다. 학원 운영에 가장 기본적인 것은 학원 운영시스템을 구축하는 것이다.

학원/교습소는 일주일/하루 단위로 학생들이 등원하고 수업하고 온라인 수업하고 하원하는 일련의 프로세스를 가지고 있다. 매일매일이 바쁜 하루가 될 수밖에 없다는 것이다.

학원을 컨설팅해 보면 중소형 학원과 교습소의 경우 학원 원장 중심으로 강의하고 관리되는 하루하루 주먹구구식으로 운영하는 학원과 교습소가 생각보다 훨씬 많다는 것을 알 수 있다.

학원 원장 중심으로 운영되는 중소형 학원과 교습소도 업무 프로세스를 만들고 시스템화를 만들어야 효율적인 학원 경영이 가능할 것이다.

학원 운영시스템을 구축하는 것은 학원 운영의 근본이라고 해도 과언이 아니다. 학원 운영시스템 구축은 관리자 파트, 상담 파트, 강사 파트, 차량 파트가 시스템적으로 조화롭게 운영되는 것을 의미한다.

지금 학원 시스템은 Blended learning System으로 Off-line과 On-line으로 나누어서 운영되고 학생들에게 학습을 제공하고 있다.

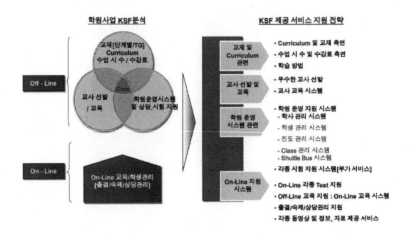

학원 운영시스템은 3가지 파트로 나눌 수 있다.

첫째로 관리 파트, 둘째로 상담 파트, 셋째로 강사 파트로 나눌 수 있다.

첫째 관리 파트는

원장, 부원장, 강사팀장, 직원 팀장, 상담 실장들이 속하며 학원의 전체 운영에 대하여 상담하고 관리하는 파트이다.

둘째 학원 상담 파트는

학생과 학부모 관리 및 상담 관리를 담당하며 학원의 전체적인 수납 업무를 담당한다.

학원 업무의 가장 기본적인 업무를 담당하는 곳으로 차량관리, 학생 관리, 학부모 관리 등 가장 핵심적인 업무의 근간을 담당하는 곳이다.

셋째 강사 파트는

학생을 커리큘럼에 따라 가르치고 각 반의 학생들을 관리하고 지원하는 업무를 맡고 있다.

강사 파트는 학생과 학부모 월간 상담, 주간 상담, 기본 상담 업무를 담당하고 있다.

학원은 전체 파트들이 시스템적이고 유기적으로 움직여야 한다.

상담 파트, 강사 파트, 관리 파트가 개별적으로 움직여서는 절대 학원 운영이 잘 될 수 없다.

나. 감동이 있는 학원을 만들어라

학원에서 가장 중요한 고객은 두말할 것 없이 학생과 학부모이다. 학생과 학부모가 학원에 만족하지 않는다면 그 어떤 학원도 존재하지 못할 것이다.

학원에서 고객에게 만족 이상의 감동을 어떻게 전해 줄 것인지를 항상 생각하고 기획하고 실행하자.

1) 학원의 내부 고객을 감동시켜라

학원의 내부 고객은 관리직원, 상담직원, 강사, 차량 기사 등이 될 것이다.

학원의 내부 고객인 관리직원, 상담직원, 강사, 차량 기사 등이 학원에 만족하고 감동할 수 있도록 해야 한다.

학원들은 대부분 지역에 기반을 두고 있다.

학원의 내부 고객인 관리직원, 상담직원, 강사, 차량 기사 등이 학원에 감동을 받는다면 자신들의 지인들에게 소개하고 그 소개가 또 다른 소개를 가지고 올 것이다.

특별히 내부 고객을 통해 등록한 신규 학생들에게는 특별한 혜택을 제공함으로써 지인 등록의 혜택이 있음을 공지하고 운영해 보자.

2) 학원의 외부 고객을 감동시켜라

학원의 외부 고객은 재원생과 재원생 학부모, 그리고 등록하지 않은 수많은 학생과 학부모들이 될 것이다.

학원의 외부 고객을 대상으로 재원생과 재원생의 부모들이 1차적인 목표가 될 것이다. 2차적인 목표는 등록하지 않은 수많은 학생과 학부모들이 될 것이다.

재원생과 재원생 학부모들이 어떻게 하면 만족하고 감동을 전해 줄 것인지 강사 파트와 관리 파트, 상담 파트, 차량 등 모든 교직원들이 미팅하고 회의해서 알고 서비스를 주어야 한다.

3) 매일 고객 접점(MOT)에 감동을 선사하라.

학원은 매일매일 고객(학생/학부모)과 만나고 강사가 강의 서비스를 제공하고 하원하는 고객 접점을 가지고 있다.

매일 고객 접점(MOT)에 감동을 어떻게 제공할지를 기획하고 실행해야 한다.

가) 등원 전 서비스

- 학생의 식사 유/무
- 학생 숙제를 했는지/안 했는지 관리 및 지원
- 학생 준비물 확인

나) 등원 서비스

- 차량 기사 만남
- 차량 정시 및 안전 운행
- 차량 내에서 행복하게 등원

다) 학원 등원 서비스

- 계단 입구 청결 상태 유지
- 상담 데스크 친절한 인사
- 화장실 청결 상태 유지
- 교실 청결 상태 및 공부 분위기 조성
- 숙제 과제 제출

라) 학원 수업 서비스

- 학원 좋은 강의 실력으로 강의
- 학생 질문에 좋은 대답
- 학생과 좋은 유대관계
- 숙제 관리 철저
- 수업 내 포인트 제도 운영

마) 하원 귀가 서비스

- 상담 데스크 귀가 인사 및 하원 지원
- 차량 기사 인사
- 차량 정시 출발 및 안전 운행
- 차량 내 안전 관리
- 상담 데스크 귀가 문자 발송
- 학생 하원 완료

다. 학원의 조직을 유기적으로 활성화하라

학원은 교육서비스 사업 중에서 강의 서비스, 온라인 교육 프로그램, 관리 및 상담 서비스, 학부모 지원 서비스 등 가장 종합적인 교육 사업이다.

학원에서 광고만 잘해서 신규모집 광고를 통해서 신규모집이 어느 정도 잘 된다 하더라도 수업이 잘 안 된다면 그 학생들은 금방 퇴원하게 될 것이다.

관리 파트(원장, 부원장)와 상담 파트, 강사 파트가 전체적으로 조직적이고 유기적으로 활성화할 수 있도록 해야 한다.

학원 조직을 유기적으로 활성화하기 위해서는

- 각 파트 별 업무 분장을 철저하게 하자.
- 상호 업무가 유지적으로 운영될 수 있도록 하자.
- 학원 교직원들 간의 관계를 좋게 만들자.
- 직무에 맡은 바 책임을 다하게 하자.
- 학원 내 긍정적인 분위기를 조성하자.

라. 최상위 이미지를 구축하라

학원의 학생 구성 및 운영 측면에 있어서 가장 핵심적인 부분이 될 것이다.

학원 내에 학생의 구성이 어떻게 되느냐에 따라 학원의 이미지가 구축된다고 해도 과언이 아니다.

학원이 그 지역에서 최상의 이미지를 구축한다면 학원에는 좋은 학생들로 넘쳐나고 그 학생들을 따라서 다른 학생들도 등록하기를 원하는 학원이 될 것이다.

1) 최상위 레벨/영재반을 운영하라.

학원에서 최상위 레벨/영재반을 운영하자.

최상위 레벨/영재반 운영 자체가 학부모들에게 엄청나게 좋은 이미지를 형성하게 한다.

A라는 학원은 그냥 일반학원이고 B학원 영재반/최상위반을 운영하는 학원이라고 할 경우 공부를 잘하는 학생들이 영재반/최상위반이 있는 B학원으로 등록해서 공부할 것이다.

공부 잘하는 학생이 B학원에 등록하게 되면 공부를 잘하는 친구들이나 친구의 엄마들에게 금방 입소문이 퍼져 중/하위권 학생들이 따라서 등록하게 될 것이다.

최상위 레벨/영재반 운영을 통하여 최상위 학생들이 등록하면 중/하위권 학생들 학생까지 등록하게 됨으로 중/대형 학원으로 성장할 기반을 마련하게 된다.

2) 지역의 성적 우수자를 입학하게 하자.

학원은 지역을 기반으로 운영된다.

그 지역에서 우수 학생들이 자신의 학원에 등록하고 다니는 것만으로도 엄청난 광고 효과가 있다.

지역의 우수 학생의 재원 효과에 대하여 알아보자.

가) 우수 학생들이 학원에 등록해서 다니는 것 자체가 중요.

나) 우수 학생들로 인하여 학원의 전체 학습 분위기 조성

다) 우수 학생들로 학원 수준이 상승되는 효과

라) 우수 학생들로 학습 경쟁 분위기로 공부하는 학원

마) 우수 학생들로 학원 이미지가 좋아짐

바) 우수 학생들로 인하여 중/학위권 학생들도 등록

사) 우수 학생들로 인하여 입소문 효과

3) 성적 우수 학생 장학 제도를 운영하자

학원에서 공부를 잘하는 학생에게 성적 우수 학생 장학 제도를 운영하자.

점수가 많이 상승한 학생과 공부를 잘하는 학생 등 다양한 장학제도를 통해서 공부를 통해서 목표를 심어주고 동기를 부여하는 효과가 있다.

가) 학원 내부 재원생 동기부여 효과

나) 학원의 공부 분위기 조성 효과

다) 학원에 보내면 공부를 잘할 수 있다는 이미지 홍보 효과

라) 우수 학생 유치로 공부 잘하는 학원으로 이미지 확보

마) 학원 좋은 이미지 각인으로 광고/홍보 효과

마. SNS(홈페이지/블로그 등)를 활발히 운영하라

지금은 온라인 시대이며 SNS의 세상이다.

학생은 온라인으로 교육을 받고 학부모는 모든 학원에 대한 정보를 네이버나 다음으로 검색을 통해서 얻고 리뷰를 한다.

학원의 SNS(홈페이지, 블로그, 유튜브, 인스타그램, 페이스북 등)에 학원에 대한 정보를 매일 업로드하고 업데이트해야 한다.

학원 학원에 대한 커리큘럼, 강사, 외부 입시 실적, 내신 실적, 이벤트 및 행사, 학부모/학생 리뷰 등 학원에 관한 모든 정보를 업로드하고 전략적으로 관리해야만 한다.

SNS의 종류와 업로드 유형을 정리하면 아래와 같다.

- 블로그 : 글과 이미지, 동영상
- 페이스북 : 글과 이미지, 동영상
- 인스타그램 : 이미지, 글
- 트위터 : 글, 이미지, 동영상
- 유튜브 : 동영상

1) 학원 SNS에 어떤 정보를 업로드할 것인가.

가) 학원에 대한 정보

- 학원 정보
- 학원 커리큘럼
- 학원 교육철학

나) 학원 강사 관련 정보

- 학원 강사 학력
- 학원 강사 경력

다) 학원 외부 입시 실적

- 학원 외부 입시 실적
- 학원 특목고 입시 실적
- 학원 대학교 입시 실적

라) 학교 관련 내신 및 관련 실적

- 초등학교 내의 시험 실적
- 중학교 내신(중간고사/기말고사) 시험 실적
- 고등학교 내신(중간고사/기말고사) 시험 실적

마) 학원 이벤트 및 행사 관련

- 학원 어린이날/어버이날 행사 사진/동영상
- 학원 할로윈 데이 이벤트 행사 사진/동영상

- 학원 크리스마스 이벤트 행사 사진/동영상

바) 학원 각종 설명회 관련

- 학원 입시 설명회 사진/리뷰
- 학원 학부모 설명회 사진/리뷰
- 학원 입학 관련 설명회 사진/리뷰
- 중1/고1 설명회 사진/리뷰
- 기타 관련 모든 설명회 사진/리뷰

사) 학원 관련 학생/학부모 리뷰 관련

- 학원 관련 학생/학부모 리뷰
- 학원 관련 각종 소감 등

주의) 개인정보 보호법 관련해서 법이 강화되어 블로그 및 홈페이지에 학생들의 사진 및 동영상을 업로드할 때 얼굴을 가리기 처리해야만 법에 위반되지 않는다. 또한 학생과 학부모들에게 개인정보 동의서를 받는 것도 하나의 방법이다. 반드시 참고해야 한다.

바. 학원만의 차별화 전략을 만들어라

교육 시장에서 학원 시장은 성숙기 시장에 접어들었다. 고학력자와 취업난으로 많은 청년이 과외와 학원 시장으로 유입되고 있다.

수많은 학원 중에서 자신의 학원만의 차별화 전략이 없다면 성숙기 시장에서 살아남기 힘들 것이다.

성숙기 시장에서는 커리큘럼과 강사의 특성이 유사해지면서 A 학원과 B 학원의 차이가 거의 없어지는 시기이다.

다른 학원과 자신 학원만의 학원을 어떻게 다르게 운영할 수 있는지 차별화 전략에 대하여 알아보자.

1) 학원의 교육철학은 어떤 차별화인가?

학원 원장의 비전과 교육철학이 있어야 한다. 학원이 꿈꾸는 비전과 목표를 가져보자.

2) 학원의 커리큘럼 및 교재가 다른 학원과 어떤 차별화 전략인가.

학원의 커리큘럼/교재가 다른 학원과 어떻게 다른지 분석하고 어떤 부분을 차별화 전략으로 가져갈 것인지 기획하자.

3) 학원의 강사는 다른 학원과 어떻게 차별화 전략이 있는가?

학원의 강사는 다른 학원과 어떻게 경력이나 다른 부분에 있어서 차별화가 되는지 기획하고 분석하자.

4) 학원 관리 시스템은 다른 학원과 어떻게 다른가?

학원 내부 관리 시스템은 학원 자체에서 어떻게 다른 학원과 다르게 운영할 수 있는지 고민하고 차별화 포인트를 가져가야 한다.

5) 학원 이미지는 어떤 차별화 전략을 가지고 있는가?

자신의 학원이 학부모들에게 어떤 이미지로 각인되어 있는지 확인하고 다른 학원과 어떤 부분에 있어서 차별화 전략을 가지고 갈 것인지 기획해야 한다.

6) 학원의 특별한 이벤트 프로그램은 있는가?

학원만의 특별한 이벤트 프로그램이 있는지 확인해 보자. 다른 학원에서도 하는 이벤트라면 신규 학생들이 굳이 우리 학원에 와서 이벤트를 할 이유가 없을 것이다.

7) 학생/학부모 관리는 다른 학원과 어떻게 차별화 전략을 가지고 있는가?

학생과 학부모 관리에 있어서 우리 학원의 관리 포인트는 어떻게 하고 있는지 확인하자.

학생/학부모 상담 프로그램은 어떻게 차별화할 것인가?
학생/학부모 주간 관리 프로그램은 어떻게 차별화할 것인가?
학생/학부모 월간 관리 프로그램은 어떻게 차별화할 것인가?
신규 학생/학부모 관리 및 지원은 어떻게 차별화할 것인가?

8) 학원 자체만의 온라인 교육 프로그램은 있는가?

학원이 재원생들에게 제공하는 온라인 교육 프로그램이 다른 학원과 어떻게 차별화되어 있는지 분석하고 확인하자.

학생과 학부모는 온라인 프로그램이 다른 학원과 특별하게 다른 부분이 어떤 것인지 알고 싶어 할 것이다.

9) 학원만의 영재/최상위반 관리 프로그램이 있는가?

학원에서 운영하는 레벨 중에서 최상위 레벨이 있는가를 생각해 보자.

학원에서 영재반 또는 최상위 레벨 반을 위한 프로그램이 있고 강사가 있는 것 자체만으로도 다른 학원과의 차별화 전략이 될 것이다.

10) 학원만의 학생 모집 차별화 전략 있는가?

자신의 학원만의 학생 모집 차별화 전략이 있는가? 아니면 다른 학원과 동일하게 모집하고 있는가?

자신의 학원 만의 학생 모집 방법을 기획하고 차별화 포인트를 만들어 보자.

사. 학원의 비전을 수립하고 전문화하라

학원을 운영하는 데 있어서 가장 핵심적인 부분은 비전이 있는 학원이 되어야 한다는 것이다.

비전이 없는 학원과 비전이 있는 학원은 중장기적인 성장이 어려운 처음과 끝이 다른 것이다.

중소형/교습소라고 하더라도 학원 원장이 생각하는 자신의 학원만의 비전을 만들어 보자.

학원을 전문화해야 하는 부분은

- 학원의 대상이 전문화
- 학원의 가르치는 과목이 전문화
- 학원의 가르치는 방법의 전문화
- 학원의 선생님의 전문화

1) 학원의 대상 초등부, 중등부, 고등부로 세분화 전문화하자.

학원의 대상을 초등부 학원, 중등부 학원, 고등부 학원으로 세분화시키고 전문화하자.

중학생이 초등부와 섞여서 공부하는 것은 맞지 않고 고등학생이 초등부와 공부하는 것은 어렵다.

중소형 학원이 성장해 가는 단계도 초/중등 전문학원에서 초등과 중등 재원생들이 늘어나면서 초등부 전문관과 중등부 전문관으로 오픈하고, 중등관이 확장되면서 중3이 늘어나게 되면 고등전문관을 오픈하게 되는 단계이다.

2) 학원의 과목별 전문화를 추진하자.

2000년대 중반까지는 종합반 학원들이 대세였다.

전문 과목을 가르치는 것이 아니라 국어, 영어, 수학, 사회, 과학 등으로 한 학생이 학원에 가면 전체 과목을 학습하게 되는 프로그램이 중심이 되는 종합학원이 중심이 되는 시기였다.

2000년대 중반을 지나면서 전문학원의 시대가 도래하였다.

2000년 중반을 지나면서 학생들은 과목별로 전문화된 학원을 다니기 시작하였다. 국어 전문학원, 영어 전문학원, 수학 전문학원 등으로 과목별 전문학원이 대세를 이루기 시작하였다.

학생들도 과목별로 자신이 부족한 것을 중심으로 학원에 등록하여 수업을 듣는 과목별 전문학원의 시대이다.

중소형 학원이나 교습소, 대형 학원까지 수학 전문학원, 영어 전문학원으로 대세를 이룬다.

자신의 학원이 어떤 과목을 중심으로 어떻게 성장해 나갈 것인지를 기획하고 운영해야만 한다.

아. 내신 성적 및 외부 입시, 특목고 입시 결과를 만들어라

학원에서 내신 성적과 외부 입시, 특목고 입시 결과는 학부모들이 그 학원이 얼마나 잘 가르치는 외적인 척도가 된다.

최고의 학원이 되려면 학원의 재원생을 최선을 다해 잘 가르쳐야 한다. 학원의 재원생들이 자신의 학교 내신시험에서 좋은 결과를 얻도록 하여야 한다.

최고의 학원이 되기 위해서는 외부 입시 성적이 나오고 특목고 입시 결과가 나와야 한다.

외부 학부모나 일반인들이 학원을 평가할 때 무엇을 기준으로 평가할 수 있을 것인지를 생각해 보자.

1) 외부에서 학원을 평가할 때 기준은

- 재원생의 내신 성적 결과
- 재원생의 외부 입시 성적 결과
- 재원생의 특목고 입시 결과를 기준으로 하게 될 것이다.

2) 내신 대비에 최고의 결과를 만들어 내자

학원의 가장 기본적이고 중요한 시험이 학교 중간고사와 기말고사 내신 시험이다. 재원생들이 중간고사와 기말고사에서 좋은 성적을 얻을 수 있도록 최선을 다하자.

재원생이 각자의 학교에서 학원과 관련된 주요 과목에서 90점 이상 맞을 수 있도록 하자.

중소형/교습소의 경우 재원생과 함께 내신 대비를 해줌으로써 학원이 수학학원이라고 한다면 수학뿐만 아니라 전체 내신 대비를 함께 해주는 것도 좋은 방법이다.

3) 외부 입시 시험 대비반을 운영하자.

학원에서 초등/중등/고등에서 외부 입시 시험 대비반을 운영하자. 학원에서 각자 학교의 내신을 대비해 주는 것은 일반적인 학원과 특별하게 차별화되지 않는다.

수학학원 같은 경우 수학 경시 대비반을 운영하자.
경시 대비반 자체가 수학학원에서 최고의 시험을 대비해 주는 것이다.

경시 결과가 특목고 입시에 반영이 안 되어도 경시 대비반을 운영하면 지역에 최고의 학생들이 경시 대비를 하기 위해서 등록하고 공부를 하게 된다.

수학학원의 재원생이 외부 경시대회에서 최고의 점수를 획득한다면 그 수학학원은 그 지역에서 수학에 관해서는 최고의 학원으로 이미지 메이킹이 될 것이다.

4) 특목고 입시 대비반을 운영하자.

학원에서 특목고 입시 대비반 프로그램을 운영하자. 특목고 입시 대비반 자체가 최고의 입시 대비반을 의미한다.

특목고 입시를 준비하는 학생 자체가 최우수 학생이 아니면 특목고 입시를 준비하지 못하기 때문이다.

학원에서 특목고 대비반 프로그램을 운영하면 지역의 학부모들이 학원을 평가할 때에 최고의 학원으로 평가하게 될 것이다.

5) 특목고 대비반 운영 전략

가) 대상 :

학교별 성적 최상위권 학생

나) 반편성 :

1 ~ 2개 반

다) 선발방법 :

특목고 대비반에 대하여 특목고 입시 시험으로 측정

라) 수업 시수 :

정규반 + 특목고 대비반(특별반)을 운영할 수 있도록 편성

마) 강사 편성 :

학원의 최고의 강사로 편성하고 특목고 대비반 운영에 따른 특별 Benefit을 제공하자.

바) 입시 설명회 :

지속적인 특목고 대비 입시 설명회를 통해 최신 교육 트렌드 및 특목고 입시 정보를 제공해야 한다.

자. 최고의 학원을 벤치마킹하라

학원/교습소 시스템을 분석해 보면 성장하는 중소형 학원은 최고의 학원의 시스템을 향해서 가고 있는 것을 알게 된다.

국내 최고의 학원의 커리큘럼, 교육 시스템, 온라인 교육 프로그램, 강사 관리 프로그램, 강사 교육 프로그램, 학생/학부모 상담 관리 프로그램 등 좋은 부분을 철저하게 분석해서 자신의 학원에 맞게 벤치마킹하자.

최고의 학원을 다양한 부분에서 좋은 점을 벤치마킹해서 자신의 학원에 어떤 부분에 어떻게 적용할지를 찾아보자.

1) 오프라인 교육 커리큘럼을 분석해 보자.

학원을 방문하거나 온라인 홈페이지, 블로그에 방문해서 오프라인 커리큘럼이 어떻게 구성되어 있는지 분석해 보자.

2) 온라인 교육 프로그램을 분석하자.

온라인 교육 프로그램은 오프라인 커리큘럼과 어떻게 연계되어 있는지 확인하고 분석하자.

3) 학원 이벤트 프로그램을 분석하자.

학원의 학생들을 위한 이벤트 프로그램은 어떤 것들이 있고 어떻게 운영되는지 확인하고 분석하자.

4) 신규 입학은 어떻게 하는지 분석하자.

직접 학원에 방문해서 신규로 입학할 때 상담은 어떻게 하고 레벨 테스트는 어떻게 진행되며 레벨테스트 후 상담과 반배정은 어떻게 하는지 확인하고 분석하자.

5) 강사들은 어떻게 구성되어 있고 어떤 방식으로 가르치는지 분석하자.

학원에 강사들은 어떻게 구성되어 있고 어떤 방식으로 수업을 하고 있는지 확인하고 분석해서 자신의 학원에 적용 점을 찾아보자.

6) 학생/학부모 관리 및 상담은 어떻게 진행되는가?

학원에서 학생 및 학부모 상담은 월 몇 회로 진행되는가, 학생과 학부모 관리는 어떻게 하는지 분석학 자신의 학원에 어떤 부분을 어떻게 적용할 것인지를 찾아보자.

7) 지역에 학원의 이미지는 어떤지 분석하자.

지역에 어떻게 이미지가 형성되어 있는지 분석하고 적용 점을 찾아 보자.

지역에서 학부모들이 그 학원의 어떤 점이 좋아서 등록하고 입소문을 퍼지게 하는지 확인하고 자신의 학원에 어떻게 적용할 것인지 적용 점을 찾아보자.

8) 차량은 어떻게 운영하고 있는지 분석하자.

최고의 학원에서 차량관리는 어떻게 하는지 학부모들에게 문의하고 학생들에게도 물어보자.

몇 인승의 차량을 어떤 지역에 몇 시에 몇 분 간격으로 운행을 하는지 몇 명의 학생이 타고 들어오고 나가는지 확인하자.

차량에 탑승하기 전에 학생관리는 어떻게 하는지, 차량에 탑승해서는 어떻게 학생을 관리하고 지원하는지 분석하고 자신의 학원에 어떤 부분을 어떻게 적용할 것인지를 찾아보자.

9) 학원 온라인/오프라인 마케팅/홍보 전략에 대하여 분석하자.

최고의 학원에서 오프라인/온라인으로 마케팅/홍보 전략은 어떻게 하고 있는지에 대하여 벤치마킹하자.

오프라인 광고/홍보 전략은 어떤 것을 어떻게 사용하는지 분석해 보자.

10) 학원 SNS 홍보 전략에 대하여 분석하자.

온라인 광고/홍보 전략은 블로그, 인스타그램, 유튜브, 페이스북, 트위터 등에 어떤 콘텐츠를 어떻게 올리고 있는지 분석해 보자.

홈페이지는 있는지 어떻게 활용하는지 분석하자.

차. 시기별 전략에 집중하라

학원 운영은 월별/시기에 따라 전략적 운영 이슈가 있다. 학원 운영에 있어서 시기별 운영 전략에 집중해야만 한다.

학원에서 월별로 주로 어떤 업무를 사전에 파악하고 기획하여 운영해 보자.

1) 1월 학원 주요 업무

학원 연간 시무식을 하자. 연간 학원 시무식을 하고 연간 사업 계획이나 방향성을 교직원들과 공유한다.

가) 겨울방학 특강 운영하자.

겨울방학 특강 프로그램을 운영하고 수고하는 강사와 직원들을 격려하자.

나) 예비 중1 특강 및 모집 운영을 진행하자.

예비 중1/고1을 대상을 특강을 진행하고 예비 중1/고1 모집을 지속해서 이어가자.

다) 연간 사업 계획을 공유하자.

학원의 연간 사업 계획을 모든 직원들과 공유하자. 학원의 방향성을 공유하는 것과 학원 원장만 알고 있는 것은 엄청난 차이가 있다. 학원의 연간 사업 계획을 통해서 비전과 실행 방향성, 월별 사업 계획 등을 공유하고 직원과 강사들과 함께 진행해야 한다.

2) 2월 학원 주요 업무

가) 3월 개강에 따른 광고/홍보 업무를 추진한다.

3월 개강에 따른 연간 광고 예산에 맞춰서 광고/홍보를 계획하고 시행해야 한다. 3월 모집이 연간 모집 중에서 가장 중요한 모집이다.

나) 3월 개강에 따른 신규 입학 설명회 기획 및 운영하자.

3월 대 개강에 따른 신규 입학 설명회를 기획하고 운영해야 한다. 신규 입학 설명회의 경우 학부모와 학생이 동시에 와서 학부모는 설명회를 듣고 학생은 테스트나 이벤트를 참가하게 하면 된다.

다) 3월 개강에 따른 신규 입학 테스트를 운영하자.

3월 개강에 따른 신규 입학 테스트를 운영해야 한다. 3월 개강에 따라서 신규 입학 테스트를 상시 운영할 것인지, 주중에 들어오는 문의를 받아놓고 토요일에 진행할 것인지를 결정하고 진행하자.

3) 3월 학원 주요 업무

가) 3월 개강에 따른 학생 지원 업무

3월 개강에 따른 재원생과 신규 등록 학생이 전체 새롭게 등원하게 되므로 재원생과 학생의 교재 구매, 반 배정 확인, 차량 확인까지 모든 부분에서 지원해 주어야 한다.

나) 신규 학생 오리엔테이션을 진행하자.

3월 학교의 개학에 따라 학원도 대 개강을 할 수 있으며 신규 학생들을 위해서 오리엔테이션을 진행하자.

신규 학생들은 커리큘럼에 대한 이해나 전체적으로 수업을 어떻게 진행하는 등 필요한 사항을 OT 해 주어야 한다.

다) 중/고등 내신 대비 기획을 하자.

4월 중학교 내신 대비를 언제부터 언제까지 어떻게 해줄 것인지를 기획해야 한다.

라) 입시 설명회를 기획하자.

4월 중학교 내신 대비 기간이 끝나고 특목고에서 발표되는 입시 기준을 중심으로 어떤 부분이 필요한지에 대하여 입시 설명회를 기획해야 한다.

4) 4월 학원 주요 업무

가) 중/고등 내신 대비를 운영하자.

4월 본격적인 내신 대비 기간이 운영되며 학교별 내신 대비, 실전 문제, 모의고사 등을 사전에 준비하여 잘 운영되도록 지원하자.

나) 입시 설명회 운영을 운영하자.

중간고사가 끝나는 시점을 기준으로 특목고 입시 설명회를 운영하자. 특목고 입시 설명회와 같이 진행하면서 개인별 상담이나 특목고 컨설팅도 함께 진행하면 좋은 결과를 가져올 것이다.

5) 5월 학원 주요 업무

가) 학부모 상담 기간을 운영하자.

학원에서 학부모 상담 기간을 어떻게 운영할 것인지를 기획해야 한다. 3, 6, 9, 12월 4분기로 진행할 것인지 아니면 5월 10월 연간 2회 운영할 것인지를 기획하고 결정하고 운영하자.

나) 어린이날/어버이날 행사 기획/운영

5월은 어린이날/어버이날이 있는 달이다. 초등학생이 있는 학원의 경우에 어린이날 행사와 어버이날 행사를 통해서 아이들에게 행사와 홍보를 동시에 할 수 있을 것이다.

다) 내신 대비 결과 광고/홍보 게시

내신 대비 결과를 가지고 학원 원내/외, 차량 플래카드로 광고/홍보를 진행하자.

6) 6월 학원 주요 업무

가) 중/고등 기말 내신 대비 기획

기말고사 내신 대비를 기획하자. 학교별 족보와 리스트, 내신 특별 대비를 통해서 내신 대비를 해주자. 개인별 목표 점수를 받고 학생별 사인을 받아서 최선을 다하도록 동기부여 하자.

나) 여름방학 특강 기획 및 광고/모집 진행

1학기를 내신 대비로 끝이 나면 여름방학이 시작된다. 여름 방학대비 특강을 어떤 프로그램으로 어떻게 시행할 것인지를 상담 파트와 강사 파트와 미팅을 통해서 협의하자.

반별로 학생별로 부족한 부분을 특강을 통해서 보충할 수 있도록 해주자.

7) 7월 학원 주요 업무

가) 중/고등 기말 내신 대비 운영

중/고등 기말고사 대비 내신 대비반을 운영하고 학생별로 철저하게 내신 대비를 한다.

나) 여름방학 특강 운영

학교별로 여름방학을 시작하면서 학원에서는 여름방학 특강 프로그램을 운영해야만 한다. 6월부터 반별로 취약한 학생들에게 여름방학을 통해서 부족한 부분을 더 공부할 수 있도록 해보자.

다) 연간 상반기 사업 계획 리뷰

연간 사업 계획에 대하여 전체적으로 리뷰하고 하반기에 대한 계획을 공유하고 하반기에는 더 성장할 수 있도록 하자.

8) 8월 학원 주요 업무

가) 여름방학 특강 업무 운영

여름방학 특강을 7월 방학으로부터 연계하여 진행한다. 여름방학 특강을 잘 마무리할 수 있도록 강사 파트를 동기부여해야 한다.

나) 방학 친구 초대 이벤트 기획/운영

여름방학 맞이 친구 초대 이벤트를 기획하고 운영하자. 친구 초대 이벤트를 통해서 신규 학생들 모집을 더 활성화할 수 있다.

다) 9월 개강 마케팅/홍보 기획

9월 2학기 개강에 맞춘 마케팅/홍보 전략을 기획하고 시행한다. 2학기 9월 개강을 통해서 확장할 수 있는 전략을 사용해야 한다.

라) 예비 중/고 1반 승급 대비반 운영

예비 중/고 1반을 지금부터 승급하여 예비 중/고 1을 모집하고 승급에 따른 퇴원을 예방해야 한다.

9) 9월 학원 주요 업무

가) 9월 2학기 개강에 따른 지원

9월 2학기 개강에 따른 신규 학생 교재 구매 및 반 배정을 지원한다. 신규 학생에 대하여 전체적인 부분을 OT를 진행한다.

나) 2학기 내신 대비 기획

중/고등학생들을 위해 2학기 중간고사 내신 대비 어떻게 운영할 것인지를 기획하자. 학교별 내신 대비를 할 것인지, 개별적 내신 대비를 할 것인지를 결정하고 내신 대비 기간을 결정하자.

10) 10월 학원 주요 업무

가) 예비 중1 모집 및 운영

2학기 내신 대비 운영과 결과 마케팅/홍보 전략기획 중/고등학교 학생은 2학기 중간고사 내신 대비를 운영하고 학교에서 중간고사를 실시한다.

중간고사가 끝나면 학생별로 담당 과목의 점수를 받아서 학원 원내/외에 플래카드 광고/홍보를 진행하자.

나) 초등부 할로윈 파티 기획/운영

10월 31일은 할로윈 데이다. 초등학생들을 위해서 할로윈 파티를 기획하고 친구 초대 이벤트와 연계해서 진행해 보자.

초등부는 재미와 학습이 연계될 수 있도록 하는 것이 초등학생을 대상으로 하는 학원의 운영 핵심 전략이다.

11) 11월 학원 주요 업무

가) 중/고등 2학기 기말 내신 대비 기획

중/고등 2학기 기말 내신 대비를 기획해야 한다. 최종 기말고사 대비해서 모든 학생이 좋은 결과를 가져갈 수 있도록 하자.

나) 겨울방학 특강 프로그램 기획 및 광고/홍보 모집 진행

한 학년의 마지막 기말고사가 끝나면 바로 겨울방학이다. 학원에서는 겨울방학 프로그램을 기획하고 강사들과 협의를 통해서 학원 자체만의 겨울방학 특강 프로그램을 기획하자.

12) 12월 학원 주요 업무

가) 예비 중/고 1 입시 설명회 기획/운영

예비 중/고 1 승급 설명회를 기획하고 운영하자. 2학기 시작부터 승급 준비를 한 재원생들과 신규 학생들에게 중학교 고등학교에 승급하면 무엇이 달라지는지 어떤 부분이 필요한지를 상담해 주어야 한다.

나) 중/고등 2학기 기말고사 내신 대비 운영 및 결과 광고/홍보 진행

중/고등학생들은 2학기 기말고사 내신 대비를 진행하고 학생별로 좋은 결과를 얻도록 최선을 다하자.

기말고사가 끝나면 학생별로 결과를 받아서 학원의 원내/외, 차량에 플래카드 광고를 진행하자.

다) 예비 중/고 3학년 학생/학부모 상담

예비 중/고 3학년 학부모/학생을 상담을 진행하자.

예비 중 3학년이 되면서 특목고 입시, 고등학교 입시에 대하여 최종 어떻게 보내야 할지에 대하여 학생별/학부모별로 상담을 진행하자.

예비 고 3학년이 필요한 수시/정시에 대한 대학 입시 정보를 상담해 주고 수시에 대한 진로 가이드를 해주자.

라) 초등부 크리스마스 이벤트 기획/운영

초등학생을 위해서 재미이고 신나는 크리스마스 이벤트를 기획하자. 친구 초대 이벤트와 연계해서 진행해 보자.

마) 해당 연도 연간 사업 리뷰 및 차기 연도에 대한 사업 계획

해당 연도 연간 사업 계획 대비 실적을 리뷰하고 차기 연도에 대해 사업 계획을 해서 상담 파트와 강사 파트와 함께 공유하자.

전체 직원들과 함께 공유하는 학원과 공유하지 않고 학원 원장만 아는 학원은 엄청난 차이가 있다. 직원들과 함께해야 직원들이 자발적으로 일하고 자신들의 학원이라고 생각하고 더 적극적으로 일할 수 있을 것이다.

1. 학원 운영시스템을 구축하였는가?

2. 감동이 있는 학원을 만들었는가?

3. 학원의 조직을 유기적으로 활성화했는가?

4. 최상위 이미지를 구축하였는가?

5. SNS(홈페이지/블로그 등)를 활발히 운영하였는가?

6. 학원만의 차별화 전략을 만들었는가?

7. 학원의 비전을 수립하고 전문화하였는가?

8. 내신 성적 및 외부 입시, 특목고 입시 결과를 만들었는가?

9. 최고의 학원을 벤치마킹하였는가?

10. 시기별 전략에 집중하였는가?

11

학원/교습소 브랜드 총정리

11 학원/교습소 브랜드 총정리

학원/교습소 브랜드 총정리 및 가맹 사업자 확인

각 과목별로 또는 전체 과목을 가르치는 브랜드는 어떤 것이 있는지를 파악하고 정보를 정확하게 알아야지 가맹할 수 있다.

매년 공정거래위원회에서 가맹사업 거래업체를 정리하여 업데이트하고 있다.

국내 학원/교습소 가맹 사업 브랜드 현황은
공정거래위원회 가맹사업 정보공개 시스템에 접속하면
외식업/도소매/교육 관련 모든 가맹 사업 거래 업체를 확인할 수 있다.

공정거래위원회 가맹사업 정보공개 시스템
https://franchise.ftc.go.kr/main/index.do

각 지역별 상권 분석 정보를 확인 가능한 사이트는
상권 분석 정보 시스템이다.
https://sg.sbiz.or.kr/godo/index.sg

공정거래위원회에서 제공되는 가맹사업 브랜드 현황과 지역별 상권 분석 정보 등 유용한 정보를 적극적으로 활용하면 좋은 전략을 기획할 수 있을 것이다.

이 책은 약 2년간에 걸쳐서 쓴 책이다. "2020년 교육산업 트렌드 분석을 통한 2050 교육산업 트렌드 분석"서를 EBOOK으로 출간하고 다음 책에 대하여 많은 고민을 하였다.

"1등 학원 경영 전략"은 1인 지식 사업으로 학원/교습소를 창업해서 연봉 1억 가까이 만들 수 있는 방법을 담으려고 노력했다.

대형 학원에서 신규 학원을 오픈하면서 어떤 전략이 필요하고 실제 학원을 오픈하면서 무엇이 필요한 것에 대하여 작성하였다.

학원은 대형 학원과 중/소형 학원, 1인 학원에 따라 전략이 다르다. 대형 학원처럼 1인 학원을 운영할 수 없다. 1인 학원이 성장하여 중/소형 학원이 되고 중/소형 학원이 성장하면서 대형 학원의 시스템이 필요하게 되는 것이다.

최근의 가장 큰 트렌드는 코로나로 인하여 중소형 학원의 몰락과 1인 학원으로 전환이다. 인건비의 지속적인 상승과 차량 운영비, 임차료는 코로나로 인하여 빠진 학생들로 매출 감소에 따라 손익에 막대한 악영향을 주게 되었다.

그로 인하여 중/소형 학원은 시장에서 많은 어려움을 겪고 있다. 경기침체와 시장의 어려움은 앞으로도 1인 학원 중심으로 변화될 가능성이 클 것으로 예측된다.

1인 학원의 가장 큰 장점은 혼자서 열심히 운영하면 연봉 1억 가까이도 수익이 가능하다는 것이다.

1인 지식 창업으로서도 충분히 가능하다. LMS와 온라인의 발달로 1인 학원의 성장도 꾸준히 지속될 것으로 예측된다.

1인 학원으로 경기침체 시장에서 또 다른 1인 지식 창업가로서 우뚝 설 수 있기를 기대한다.

사회는 배움과 성숙의 시간이었다.

교육 기업에서 근무하면서 많은 것들을 배웠다. 대교에서 교육 기업에서 진행하는 신규 사업에 대하여 거의 모든 것을 배우게 되었다. 다양한 프로젝트와 교육을 통해서 업무에 필요한 부분을 채워 나갔다.

정상제이엘에스에서 학원과 관련된 대부분 사업과 관련된 업무를 배웠다. 회사에서 근무하면서 단순히 일을 한다고 생각하지 않았다. 일을 통해서 자신을 성장해 나가고 배울 수 있다고 생각했다.

종종 좋지 않은 일도 있었다. 하지만 어느 회사에 일을 하든지 좋지 않은 사람을 만날 수도 있고 열심히 일을 했지만 나쁜 결과로 나올 수도 있다는 것을 알게 되었다.

첫 직장 선배들과 동기들과 오랫동안 연락을 하고 지내왔다. 첫 직장부터 좋은 선배들과 친구들, 동기들을 만나서 행복했다. 직장 생활을 해보면 항상 갑의 위치에 있는 사람이 있는가 하면 어떤 이는 직장 생활의 을의 위치에 있다는 것을 알게 된다. 우리는 서로를 보듬어 주면서 서로에게 힘을 주면서 살아야 한다는 것을 깨닫게 되었다.

두 번째 회사에서도 좋은 분들을 많이 만났다. 임종혁 대표를 만난 것도 참 좋은 인연이 되었다. 두 번째 회사에서 좋은 사람들을 많이 만났다. 진정 교육 사업에 대하여 고민도 해보고 밤새 보고서도 만들어 보았다.

세 번째 회사에서는 내 인생에서 가장 행복했던 때가 아니었을까 하는 생각이 든다. 회사에서 일을 통해서 만난 친구들과 많은 것을 고민하고 의논했던 것 같다. 좋은 친구 같은 동료를 많이 만났다. 모두 좋은 친구들이고 선후배들이었다.

회사의 발전을 통해서 서로가 더 성장할 수 있는 계기가 되었다. 가끔 내가 부끄러웠을 정도로 실수할 때도 있었다. 회사 동료들과 나눈 밤샘의 이야기 속에 항상 올바른 길에 대한 의문이 존재하고 있었다.

그 친구들과는 아직도 연락하고 지낸다. 그 회사가 더욱 발전적으로 성장하기를 기원하고 있다.

　세 번째 회사에서 약간의 서러움으로 이직을 고려하고 있을 때 총괄이사직으로 제안이 들어왔다. 지금 생각해 보면 설익은 사과를 땄다는 느낌이 든다. 아무리 능력이 뛰어나고 좋은 시기라고 하더라도 30대 후반에게 총괄이사를 맡긴다는 것은 너무 이르다는 생각이 든다.

　사업을 하면서 학원과 관련된 업무를 많이 진행했다. 학원 업무 매뉴얼을 만들고 학원 업무분장을 하고 업무 프로세스를 확립하였다.

　학원 프랜차이즈 본사를 대상으로 컨설팅을 진행하면서 학원 프랜차이즈의 년간 사업 계획과 학원 활성화 마케팅 전략과 전국 스피치대회를 진행하였다.

　학원 컨설팅을 진행하면서 학원이 단순히 컨설팅을 진행한다고 실적이 좋아지거나 하는 것이 아닌 학원 전체 프로세스를 정립해야지 변화되고 성장할 수 있다는 것을 알게 되었다.

　직접 정상어학원을 오픈하여 약 200명의 학생들을 등록시키고 매주 상담하고 입시 설명회를 진행했었다. 상담 파트와 강사 파트와 함께 주간 회의를 진행하면서 매주 학원에 있었던 일을 피드백하였다.

　학원은 좋은 입소문을 만들면서 학원에 학생들이 넘쳐났다. 차량 사고도 일어나고 외국인 강사가 도망가기도 했다. 학원 강사가 갑자기 학원에 나오지 않아 백방으로 찾아다니기도 했다.

학원을 직접 경영하면서 학원은 하루하루 정말 수많은 변수들이 존재하는 것이 학원이라는 것을 알게 되었다.

수많은 변수를 생각하면서 하루를 계획해야 했고 매주 매달을 계획하여 실행해 나가야 한다.

모든 인연은 살아 숨 쉬고 있고 계속 발전한다.

우리의 모든 인연은 살아 숨쉬고 계속 발전해 나간다. 초등학교, 중학교, 고등학교의 친구들, 선생님들의 모든 인연도 또한 그렇다.

고등학교 친구인 조재국, 문성희, 김경신과의 인연은 고등학교 때부터 지금까지 서로 좋은 친구이자 협력자로 30년 이상 만나오고 있다.

대학교 친구인 조홍희와의 인연은 특별하다. 대학교 졸업 후에도 대학원을 다니고 사회생활을 하면서 꾸준히 만나고 서로에게 힘이 되어 주었다.

대학원에서 좋은 선후배들을 만났다. 박주영씨와 장동선 선배는 잊지 못할 평생의 좋은 친구이자 후배였다.

첫 직장인 한국전화번호부에서의 인연인 송기영 대표, 대교의 임종혁 대표, 나기창 대표, 정상제이엘에스의 친구들과 선/후배들 문상은, 변재필, 박정흠, 이석희, 김윤심, 이창호, 윤재원, 피어슨에서 만난 유재성 사장님과 우주연 이사와 이현지 과장 등 정말 많은 인연들을 만났다.

1인 기업에 대한 공부를 통해서 만난 이창현 작가와 홍아리엘 전도사를 통해서 다시 한번 인연의 소중함을 깨닫게 되었다.

우리는 항상 또 새로운 인연을 만나고 예전의 인연에 고마워하며 그 인연을 가지고 또 성장해 나갈 것이다.

이 책을 집필하는 데 많은 도움을 주신 문상은 소장과 이창현 작가에 감사를 보낸다.

문상은 소장과의 인연은 내 평생의 가장 중요한 인연이라고 해도 과언이 아니었다. 정상제이엘에스에서 만나 지금까지 나에게 힘이 되어주고 지원을 아끼지 않았다. 조카들도 문상은 소장과의 인연으로 카이스트에 입학하게 되었다. 문상은 소장에게 진정 어린 감사의 말을 전한다.

글쓰기를 배우기 시작하면서 이창현 작가를 만났다. 이창현 작가와의 인연은 나에게 특별했다.

온라인에서 만나서 지금까지 오프라인으로 이어져 왔고 이창현 작가를 통해서 홍아리엘 전도사를 만나고 홍아리엘 전도사를 통해서 10년간 연락이 되지 않았던 대학교 친구인 박종환과 연락이 되었다.

가수와 MC, 작가에까지 끊임없는 변화의 삶을 살아온 이창현 작가는 나의 멘토가 되었다. 이 글을 통해서 이창현 작가에게 고마움을 전한다.

우리 가족처럼 위로와 힘을 준 캐나다 807가족이었던 캐빈과 종필이에게 감사와 고마움을 전한다.

항상 나를 지지해 주셨던 나의 아버지, 어머니와 동생들, 동욱, 승미, 승애와 항상 씩씩하고 든든한 아들 유찬이, 힘든 삶에도 잘 살아와 준 와이프에게 특별한 고마움을 전한다.

나의 삶 속에서 하나님의 은혜와 성령이 함께 하기를 기도하고 하나님께 이 모든 감사와 고마움을 드린다.

2022년 여름

꿈 실천가 SUNCHA | 차승욱